COMMENT
DEMANDER L'AIDE
DE VOTRE
ANGE GARDIEN

DISTRIBUTEURS EXCLUSIFS

Pour le Canada et les États-Unis
Les Messageries ADP
955, rue Amherst
Montréal (Québec) H2L 3K4
Téléphone: (514) 523-1182
Télécopieur: (514) 939-0406

Pour la Suisse
Transat S.A.
Route des Jeunes, 4 Ter
C.P. 1210
1 211 Genève 26
Téléphone: (41-22) 342-77-40
Télécopieur: (41-22) 343-46-46

Pour la France
Librairie du Québec / DEQ
30, rue Gay-Lussac
75005 Paris
Téléphone: (1) 43 54 49 02
Télécopieur: (1) 43 54 39 15
Courriel: liquebec@cybercable.fr

JEAN-MARC PELLETIER

**SUITE AUX ATTENTATS
TRAGIQUES DE NEW YORK**

**DEVANT LES MENACES
TERRORISTES MONDIALES**

COMMENT
DEMANDER L'AIDE
DE VOTRE
ANGE GARDIEN

EDIMAG
Pierre Nadeau, éditeur

Ce livre de prières a été publié originellement
en 2 volumes en 1994 et en 1996.

C.P. 325, Succursale Rosemont
Montréal (Québec), Canada H1X 3B8
Tél.: (514) 522-2244
Télécopieur: (514) 522-6301
Courriel: pnadeau@edimag.com

Éditeur: Pierre Nadeau
Illustration: Michel Poirier

Dépôt légal: quatrième trimestre 2001
Bibliothèque nationale du Québec
Bibliothèque nationale du Canada

© 2001, Édimag inc.
Tous droits réservés pour tous pays
ISBN: 2-89542-067-X

TABLES DES MATIÈRES

INTRODUCTION 7

   Comment procéder 12

   Découvrez votre ange gardien 14

PREMIÈRE PARTIE

Prières particulières adressées

   aux 72 anges gardiens.............................19

DEUXIÈME PARTIE

Prières pour contacter les êtres

   de lumières que sont les anges..............93

INTRODUCTION

POURQUOI ET COMMENT
COMMUNIQUER AVEC
VOTRE ANGE GARDIEN

N ous connaissons tous notre lot de prières, du «Je crois en Dieu» au «Je vous salue Marie», en passant par le «Notre Père» et combien d'autres. Mais ces prières obtiennent-elles un véritable résultat? Nos demandes reçoivent-elles une réponse positive? Pas toujours, quoiqu'elles soient indéniablement d'un certain réconfort spirituel, sinon moral.

Alors, pour que nos demandes, nos prières – les demandes ne sont finalement que des prières présentées avec certains mots précis – qui doit-on prier? Une fois acceptée l'idée que la plupart des prières dont nous, croyants, disposons ne sont, somme toute, que comme des lettres, avec l'adresse ou le nom du destinataire faux ou incomplets, autrement dit qui s'adressent à des âmes, des entités spirituelles, qui ne disposent pas du pouvoir suffisant, ou adéquat, pour répondre aux demandes que nous formulons, il est impossible de ne pas croire qu'il puisse exister quelque part, quelqu'un, une force, une puissance, quel que soit son nom, qui puisse nous aider concrètement dans nos demandes - nos prières.

D'après les kabbalistes, c'est-à-dire ces spécialistes de l'interprétation ésotérique et symbolique du texte de la Bible (et dont le livre classique est «Le livre de la splendeur», les demandes des hommes doivent être adressées aux seules entités spirituelles occupées exclusivement au traitement des supplications, des prières faites avec insistance et une certaine soumission. La célèbre École de Cabale de Girona, qui s'est consacrée pendant longtemps, il y a quelques siècles, à l'étude de cette question, affirme qu'il existe des prières particulières qui peuvent être adressées aux 72 anges gardiens – ces puissances spirituelles que Dieu a désignées pour nous instruire et nous aider – et qui, alors, ne pourront faire autrement que d'exaucer nos demandes parce qu'ils ne peuvent refuser de le faire.

Pour réaliser quotidiennement l'identification avec l'ange qui règne sur la journée, nous avons reproduit le tableau d'identification des 72 anges gardiens, et des 72 prières qui correspondent chacune à un ange. Ces anges, rappelons-le, régissent chacun quelques jours en particulier, en plus d'être spécialement assignés aux natifs de ces jours.

Ces prières doivent être récitées le matin, le plus tôt possible – le regard dirigé vers l'est, c'est-à-dire vers le lieu où le soleil se lève.

Le but de chacune de celles-ci, et le pourquoi des mots, qui sont en quelque sorte rattachés à un rituel, est de briser les limites de la condition humaine, afin de rejoindre et influencer positivement les Mondes Divins – la prière, cela est reconnu depuis la nuit des temps, arrache l'homme à ses préoccupations immédiates et personnelles et lui fait découvrir la possibilité de contacter des Êtres de Lumière, de Sagesse et de Bonté. Ne l'oublions pas, les anges peuvent réellement nous conférer leurs dons et leurs pouvoirs.

Voici donc les 72 prières qui correspondent aux 72 anges de la Cabale. Ce chiffre 72, a-t-il une signification quelconque? Sûrement. Selon la légende, ces 72 anges représentent les 72 visages de la Divinité, c'est-à-dire qu'ils correspondent aux 72 facettes, aspects de la personnalité du Tout-Puissant,

Père et créateur de l'univers; chaque aspect étant personnifié par ces êtres spirituels qui se chargent d'une tâche déterminée.

Ces 72 aspects sont donc nos anges gardiens, désignés par Dieu pour nous enseigner et nous protéger; ce sont eux qui se chargent de classer les prières que les hommes leur adressent, les transférant à l'entité compétente qui doit les présenter, elle, à Dieu. Par l'entreprise des 72 faces Divines, si la demande est faite dans le temps approprié, on peut tout obtenir car il faut savoir qu'il n'est pas du ressort d'un ange de refuser une demande qui lui est adressée.

Mais… non, si vous vous posez encore la question, les anges ne sont pas des êtres matériels, ailés, avec des violons ou des épées flamboyantes. Il n'en demeure pas moins qu'ils sont des entités spirituelles réelles; ils possèdent des vertus, des pouvoirs, des capacités d'action, des dimensions extraordinaires, des pouvoirs fantastiques. Cela ne les empêche pas toutefois d'être abordables, individualisés, symboliquement personnalisés.

Soixante-douze d'entre eux sont à notre service - c'est à nous de nous en servir.

Dans la deuxième partie, quarante prières supplémentaires, marquées de l'empreinte de la spiritualité, vous permettront de communiquer avec votre ange gardien, comme avec n'importe quel autre ange.

Le but de chacune de celles-ci et le pourquoi des mots, en quelque sorte rattachés à un rituel, sont de briser les limites de la condition humaine afin de rejoindre les anges. La prière, cela est reconnu depuis la nuit des temps, arrache l'homme à ses préoccupations immédiates et personnelles et lui fait découvrir la possibilité de contacter des êtres de Lumière, de Sagesse et de Bonté.

COMMENT PROCÉDER

I l faut lire ces prières avec foi et confiance, c'est la façon de se mettre en contact avec l'ange, de se mettre à l'unisson avec lui. Idéalement, pour se faire, nous trouverons un endroit à l'écart de toute activité, ce peut être n'importe quelle pièce de la maison, à la condition que nous puissions nous y isoler en toute tranquillité et en toute quiétude, à l'abri de tout dérangement. Ensuite, nous chercherons à nous placer dans un état de méditation, de réflexion ou encore de grande relaxation – il faudrait aussi, idéalement, allumer une chandelle et n'avoir que celle-ci pour toute lumière. Quant aux bruits, il faut les éliminer le plus possible, sinon chercher une musique qui porte à la détente.

L'invocation que nous ferons – la prière –, sera adressée soit à notre ange gardien, soit à l'ange qui régit la journée où nous sommes (par exemple, si nous sommes natif du 12 août et que nous sommes la journée du 10 octobre, nous pourrons invoquer soit notre ange gardien qui sera Seheiah, ou celui de la journée (10 octobre) qui sera Iéiazel.

Il est très important, également, de formuler clairement notre demande; c'est la raison pour laquelle je vous conseille, avant de chercher à communiquer avec l'ange, de l'écrire et la méditer un court moment pour être certain qu'elle est claire – lisez-la à haute voix en vous écoutant, vous saurez alors si elle l'est.

Ensuite… ensuite, vous constaterez vous-même le résultat.

DÉCOUVREZ VOTRE ANGE GARDIEN ET LES ANGES QUI RÉGISSENT TOUS LES JOURS DE L'ANNÉE

Sous le nom d'anges gardiens, on retrouve plus précisément les anges qui ont pour nom «anges planétaires»; des anges désignés pour être au services des hommes, pour les conseiller, les protéger – ils diffèrent selon notre date de naissance mais on peut aussi les invoquer, indépendamment de celui qui nous est assigné, les jours sur lesquels ils veillent. Il y a donc deux anges qui peuvent vous servir, que vous pouvez prier, avec lesquels vous pouvez communiquer.

Trouvez, dans la liste qui suit, celui qui est personnellement assigné à votre «protection», comme ceux qui veillent sur chacun des jours de l'année.

Nom:	Il est au service des personnes nées:
1 Véhuiah	du 21 au 26 mars
2 Yéliel	du 26 au 31 mars
3 Sitael	du 31 mars au 5 avril
4 Elémiah	du 5 au 10 avril

5	Mahasiah	du 10 au 15 avril
6	Lélahel	du 15 au 20 avril
7	Achaiah	du 20 au 25 avril
8	Cahéthel	du 25 au 30 avril
9	Haziel	du 30 avril au 5 mai
10	Aladiah	du 5 au 11 mai
11	Lauviah	du 11 au 16 mai
12	Hahaiah	du 16 au 21 mai
13	Yézahel	du 21 au 26 mai
14	Mébahel	du 26 au 31 mai
15	Hariel	du 31 mai au 6 juin
16	Hékamiah	du 6 au 11 juin
17	Lauviah	du 11 au 16 juin
18	Caliel	du 16 au 21 juin
19	Leuviah	du 21 au 27 juin
20	Pahaliah	du 27 juin au 2 juillet
21	Nelchael	du 2 au 7 juillet
22	Yéiayel	du 7 au 12 juillet
23	Melahel	du 12 au 18 juillet
24	Haheuiah	du 18 au 23 juillet
25	Nith-Haiah	du 23 au 28 juillet
26	Haaaiah	du 28 juillet au 2 août
27	Yérathel	du 2 au 7 août
28	Séhéiah	du 7 au 13 août
29	Reiyel	du 13 au 18 août
30	Omael	du 18 au 23 août
31	Lécabel	du 23 au 28 août

32	Vasariah	du 28 août au 2 septembre
33	Yéhuiah	du 2 au 8 septembre
34	Léhahiah	du 8 au 13 septembre
35	Chajakhiah	du 13 au 18 septembre
36	Ménadel	du 18 au 23 septembre
37	Aniel	du 23 au 28 septembre
38	Haamiah	du 28 septembre au 3 octobre
39	Réhael	du 3 au 8 octobre
40	Iéiazel	du 8 au 13 octobre
41	Hahahel	du 13 au 18 octobre
42	Mikhael	du 18 au 23 octobre
43	Veuliah	du 23 au 28 octobre
44	Yélahiah	du 28 octobre au 2 novembre
45	Séaliah	du 2 au 7 novembre
46	Ariel	du 7 au 12 novembre
47	Asaliah	du 12 au 17 novembre
48	Mihael	du 17 au 22 novembre
49	Véhuel	du 22 au 27 novembre
50	Daniel	du 27 novembre au 2 décembre
51	Hahasiah	du 2 au 7 décembre
52	Imamiah	du 7 au 12 décembre
53	Nanael	du 12 au 17 décembre
54	Nithael	du 17 au 22 décembre
55	Mébahiah	du 22 au 27 décembre
56	Poyel	du 27 au 31 décembre
57	Némamiah	du 31 décembre au 5 janvier
58	Yéialel	du 5 au 10 janvier

59	Harahel	du 10 au 15 janvier
60	Mitzrael	du 15 au 20 janvier
61	Umabel	du 20 au 25 janvier
62	Iah-Hel	du 25 au 30 janvier
63	Anauel	du 30 janvier au 4 février
64	Méhiel	du 4 au 9 février
65	Damabiah	du 9 au 14 février
66	Manakel	du 14 au 19 février
67	Eyael	du 19 au 24 février
68	Habuhiah	du 24 février au 1er mars
69	Rochel	du 1er au 6 mars
70	Jabamiah	du 6 au 11 mars
71	Haiaiel	du 11 au 16 mars
72	Mumiah	du 16 au 21 mars

PREMIÈRE PARTIE

PRIÈRES PARTICULIÈRES
ADRESSÉES AUX 72 ANGES GARDIENS

1
VÉHUIAH
DU 21 AU 26 MARS

Aide-moi, Seigneur Véhuiah, pour que ma voix puisse se rendre toi, pour que je sois entendu et que tu puisses déposer en moi la force de décision nécessaire pour briser les liens de mes simples habitudes terrestres, et ainsi pouvoir devenir la base d'un univers nouveau.

Inspire-moi, Seigneur Véhuiah, à réaliser les desseins du Tout-Puissant, à recréer de mes mains humaines, le paradis qu'il avait créé; je serai le matériel, le ciment, le béton de son œuvre. Je t'offre d'ailleurs mon corps et mes véhicules pour édifier avec eux ce nouveau paradis.

Véhuiah, je te le dis, viens à ma rencontre pour répondre à mes interrogations et m'aider à atteindre le bonheur.

2
YÉLIEL

Aide-moi, Seigneur Yéliel, à prendre conscience de mes erreurs, afin que je n'aie pas à souffrir inutilement à l'occasion de ce passage sur terre. Je veux que tu m'aides à réaliser tout ce que l'on me demande de réaliser, sans que ma personnalité mortelle ne dresse d'obstacles à l'accomplissement de mon devoir divin.

Seigneur Yéliel, guide-moi pour que j'utilise à bon escient les connaissances que tu me transmets et que je me serve avec intelligence des biens que tu m'obtiens. Protège-moi lorsque ma santé faiblit; éclaire mon cœur et mon âme pour que je comprenne le sens de l'épreuve; guide-moi sur la route qui est la mienne.

Yéliel, je te le dis, viens à ma rencontre pour répondre à mes interrogations et m'aider à atteindre le bonheur.

3
SITAEL

Communique-moi, Seigneur Sitael, ton souffle avec la force implacable de celui qui sait et qui peut tout, pour que ton message pénètre en moi et que pas une seule parcelle de ton Amour ne se perde.

Aide-moi, pour qu'avec la puissance de cet Amour je puisse retourner aux sources de mon propre amour et vivre en bon entendement avec les autres.

Seigneur Sitael, permets-moi donc de m'alimenter à ta Lumière pour que je puisse vivre le destin de l'être humain que l'on a prévu pour moi, un destin heureux et comblé.

Sitael, je te le dis, viens à ma rencontre pour répondre à mes interrogations et m'aider à atteindre le bonheur.

4
ÉLÉMIAH

Seigneur Élémiah, prends-moi sous ta surveillance, sois mon instructeur et mon guide, car sans toi je ne pourrai trouver sans difficulté le chemin qui est le mien. Je sais que je suis fait de telle manière que je ne peux que me perdre dans ce labyrinthe de mes rêves; pour concrétiser ces rêves humains, je sais que je pourrais même contrevenir à tes lois et à celles de Dieu. Seigneur Élémiah, si je te demande aide et protection, ce n'est pas pour m'éviter les conséquences que mes actes pourraient me valoir, mais simplement pour que tu me guides vers ta lumière qui m'aidera à me comprendre moi-même et à comprendre le monde. Ce n'est qu'à ce moment-là, en toute conscience, que je pourrai être un instrument utile pour la réalisation de tes desseins.

Élémiah, je te le dis, viens à ma rencontre pour répondre à mes interrogations et m'aider à atteindre le bonheur.

5
MAHASIAH
DU 10 AU 15 AVRIL

Seigneur Mahasiah, libère-moi des engagements et des responsabilités, de mon passé et de mes vies antérieures et aide-moi à retrouver le chemin qui mène aux demeures célestes. Je dois me rappeler l'être divin que je suis afin que je puisse contribuer avec mes frères et mes sœurs humains à construire ici le paradis. Seigneur Mahasiah, donne-moi la compréhension des choses telles qu'elles doivent être et donne-moi aussi la force d'être le bâtisseur de ce nouveau monde dont nous rêvons tous. Seigneur Mahasiah, révèle-moi tel que je suis dans mon essence.

Mahasiah, je te le dis, viens à ma rencontre pour répondre à mes interrogations et m'aider à atteindre le bonheur.

6
LÉLAHEL

Seigneur Lélahel, toi qui es à la source de toutes choses, fais de moi le réceptacle vivant de tes connaissances et de ton savoir. Que je sois rempli, Lélahel, de ta présence, de façon à ce que ta force agisse et que je sache quelle doit être mon action lorsque le monde m'appellera à construire notre paradis, ici, sur terre. Seigneur Lélahel, place devant moi les personnes que je dois rencontrer pour faire fructifier, en elles et par elles, ta connaissance et ton savoir. Si mon travail est juste à tes yeux, mène-moi, Seigneur, jusqu'au trône de Dieu. Mais Seigneur Lélahel, garde-moi surtout, toujours, de cette vanité qui consisterait à penser que mes œuvres sont à moi car en réalité c'est de toi qu'elles émanent. Fais que lorsque je serai proche de l'oublier, je m'en souvienne. Lélahel, je te le dis, viens à ma rencontre pour répondre à mes interrogations et m'aider à atteindre le bonheur.

7
ACHAIAH
DU 20 AU 25 AVRIL

Seigneur Achaiah, fais que mon savoir et mon intelligence se placent toujours au service de causes justes. Garde-moi de la tentation d'utiliser mon ingéniosité dans le seul but d'en faire étalage. Lorsque tes forces me feront aller au-delà de moi-même, reste à côté de moi, pour me montrer la route à suivre, mais aussi pour m'inspirer la prudence que je pourrais oublier. Fais que, lorsque j'interviens dans les affaires de mes proches et de mon entourage, je ne le fasse que motivé par l'intérêt que tu portes à ceux-là mêmes qui ont besoin de ton aide. Si c'est moi qui dois être cette aide, si c'est moi qui dois être cet instrument, n'hésite pas à te servir de moi. Seigneur Achaiah, je serai celui que tu veux que je sois car, toi mieux que quiconque sait quel est mon destin.

Achaiah, je te le dis, viens à ma rencontre pour répondre à mes interrogations et m'aider à atteindre le bonheur.

8
CAHÉTHEL

Seigneur Cahéthel, fais que je puisse être ton instrument pour découvrir moi-même et révéler aux autres le potentiel insoupçonné que nous possédons tous; que je puisse découvrir et montrer, à chacun, tous ces nouveaux espoirs qui nous sont permis. Oui, Seigneur, je veux être l'instrument qui fera révéler clairement la force et la puissance des ressources morales qui sommeillent en nous et qui nous permettent, à condition de le vouloir vraiment, de modifier ces situations qui nous paraissent parfois incontournables. Je veux être ton outil. Je veux être un de ceux par qui tu montres aux humains qu'il est possible de surmonter les doutes et les hésitations.

Seigneur Cahéthel, sois mon guide, à tout moment, pour que je surmonte sans peine et sans souffrance les dures épreuves de l'adversité que je trouverai sur mon chemin et que, ce faisant, je sois un exemple pour les autres.

Cahéthel, je te le dis, viens à ma rencontre pour répondre à mes interrogations et m'aider à atteindre le bonheur.

9
HAZIEL

Seigneur Haziel, permets-moi d'accomplir mes objectifs moraux. Fais que je mette mon savoir, mon intelligence et mes moyens au service d'une société humaine et fraternelle; que tout en moi fonctionne en harmonie et suscite chez les autres le même désir d'harmonie. Fais que nous alimentions tous les mêmes rêves, que nous vivions tous le même but.

Seigneur Haziel, donne-moi la force et le bon sens de ne pas m'égarer dans de vaines entreprises et dans des causes discutables. Donne-moi les biens matériels que je souhaite mais sans que ce soit au détriment de quiconque.

Seigneur Haziel, je veux connaître le confort matériel, mais veille à ce que je garde toujours en moi la conscience des autres. Ce n'est qu'ainsi que mon or se transformera en lumière.

Haziel, je te le dis, viens à ma rencontre pour répondre à mes interrogations et m'aider à atteindre le bonheur.

10
ALADIAH

Seigneur Aladiah, fais que je comprenne, à tout moment, ce que tu me souffles, afin que je puisse mettre mes talents au service de ta cause qui est celle de la quête constante des éternelles vérités. Les connaissances et les forces que j'ai acquises dans cette vie terrestre, je les mets à ta disposition pour vivifier avec elles tous ceux qui n'ont pas encore pris conscience que les mêmes connaissances et les mêmes forces les habitaient.

Seigneur Aladiah, sache que je ne nourris pas d'autre ambition que celle de transmettre à mes frères la beauté de ton univers; ce n'est pas une tâche facile et je ne pourrai la mener à bien que si tu me prêtes ton concours et ton inspiration.

Seigneur Aladiah, j'ouvre grand mon cœur et mon âme à ton souffle: pénètre-moi de ta sagesse.

Aladiah, je te le dis, viens à ma rencontre pour répondre à mes interrogations et m'aider à atteindre le bonheur.

11
LAUVIAH

Seigneur Lauviah, veille à ce que mon âme conserve la pureté nécessaire à la manifestation de ta pensée; efface les impuretés, lève les obstacles érigés par ma personnalité mortelle, afin que ton courant puisse couler comme un long fleuve tranquille. Évite-moi des ennemis qui seraient autant de freins, et des amis qui me retiendraient prisonniers de fausses valeurs. Donne-moi un lieu pour méditer et rempli-moi de zèle pour transmettre cette connaissance et ce savoir que toi-même m'enseigne.

Seigneur Lauviah, ne permets pas que par ma conduite, je travestisse les paroles que tu me communiques; encourage en moi ce désir sincère de dévouement et permets-moi d'être l'un des instruments qui me permettront et qui permettront aux autres de découvrir la sagesse profonde des inspirations que tu nous communiques.

Lauviah, je te le dis, viens à ma rencontre pour répondre à mes interrogations et m'aider à atteindre le bonheur.

12
HAHAIAH

Seigneur Hahaiah, fais que ma foi soit féconde; fais que ta lumière, accumulée dans mon intérieur, soit si intense que je ne mette jamais en doute tes enseignements. Fais que les tentations que la vie me présente servent mon raffermissement dans la foi et m'aident à acquérir une plus haute conscience, et une confiance toujours plus grande en qui tu es et en ce que tu représentes.

Seigneur Hahaiah, fais que j'aie la force d'oser; fais que j'aie le courage de faire face au danger; fais que ta lumière m'aide à vaincre mon obscurité. Guide-moi vers la vérité et fais de moi un citoyen de ton monde où, déjà, le doute et les hésitations n'existent plus.

Seigneur Hahaiah, fais aussi, je te le demande, que je sois pour les autres, et pour moi, une source de santé et de joie.

Hahaiah, je te le dis, viens à ma rencontre pour répondre à mes interrogations et m'aider à atteindre le bonheur.

13

YÉZALEL

Seigneur Yézalel, révèle-moi les particularités de tes lois pour que je puisse sur cette terre être l'exécuteur de tes œuvres. Mais fais que cela ne t'empêche pas d'éviter que ta lumière m'éblouisse et qu'elle fasse de moi un être qui puisse un jour croire être plus puissant que le maître que tu es, évite-moi de devenir orgueilleux et insolent. Fais que je sois simplement, sereinement, un instrument à ton service.

Seigneur Yézalel, montre-moi la route que je dois suivre et je la suivrai parce que je sais que tu es là pour me guider et m'inspirer; que tu es là pour m'indiquer le dessein que le Tout-Puissant désire que j'accomplisse. Je sais que tu sais quel est mon destin et je veux que tu m'aides à le réaliser.

Yézalel, je te le dis, viens à ma rencontre pour répondre à mes interrogations et m'aider à atteindre le bonheur.

14
MÉBAHEL

Seigneur Mébahel, donne-moi la force et le courage de faire face à mon destin en toute quiétude et en toute sérénité; pour que j'aie la force, aussi, de changer en bien le mal que j'ai pu faire dans cette vie ou dans une précédente. Éclaire-moi de ta lumière pour que je puisse savoir le chemin que je dois suivre et que jamais ne se dressent en ennemis les désirs de mon cœur et ceux de ma tête. Je veux être un humain, je veux vivre mes émotions avec bonheur.

Seigneur Mébahel, que ma vérité soit toujours ta Vérité; que mes convictions ne s'écartent pas de ta loi; que mon travail humain serve à rendre plus transparents, plus évidents, tes desseins et ton œuvre.

Mébahel, je te le dis, viens à ma rencontre pour répondre à mes interrogations et m'aider à atteindre le bonheur.

15
HARIEL

Seigneur Hariel, fais que tout dans ma vie soit comme il faut. Aide-moi pour que, à d'autres, je ne transferts pas mes problèmes et mes engagements. Donne-moi des forces pour que je puisse moi-même réaliser mes tâches essentielles, sans sentir le désir de charger sur les épaules de mes proches et des gens de mon entourage mes propres devoirs.

Seigneur Hariel, inspire-moi pour que je prenne les décisions qui s'imposent pour me débarrasser de ce que je crois être la réalité immuable et ainsi pouvoir avancer plus léger et plus libre vers le savoir supérieur. J'ai besoin de ton inspiration et de ton aide pour me diriger sans crainte vers ce monde où vivront de nouvelles valeurs. Libère-moi de la tentation de laisser ce travail à ceux qui viendront après, en les obligeant à effectuer le travail que tu me suggères aujourd'hui.

Hariel, je te le dis, viens à ma rencontre pour répondre à mes interrogations et m'aider à atteindre le bonheur.

16
HÉKAMIAH
DU 6 AU 11 JUIN

Seigneur Hékamiah, toi qui as accès à la mémoire éternelle des existences, donne-moi la force et le courage nécessaires pour réparer le mal que j'ai fait ou que j'ai pu faire aujourd'hui et hier. Sache que je veux sincèrement, profondément, découvrir le véritable amour désintéressé. Vide mon âme de tout ce qui n'est pas droit, de tout ce qui est misérable pour que, dans ma pénombre, ta lumière puisse m'éclairer.

Seigneur Hékamiah, fais que je sois, de par mon vécu quotidien, un exemple pour les autres, qu'ils comprennent que tous, chacun, nous pouvons corriger nos travers et nos faiblesses; que nous pouvons devenir des êtres véritables, des humains qui vivent en fonction des attentes et des besoins de leurs semblables.

Hékamiah, je te le dis, viens à ma rencontre pour répondre à mes interrogations et m'aider à atteindre le bonheur.

17
LAUVIAH
DU 11 AU 16 JUIN

Seigneur Lauviah, aide-moi à être ton instrument pour que j'aide à construire un monde nouveau, rempli de bonheur, qui aura des objectifs fixés vers l'éternité. Que mes actions et mes gestes, aujourd'hui et demain, contribuent à apporter le bonheur à mes semblables. Place mon intelligence au service des besoins réels de tous et chacun et ne permets pas que je l'utilise pour entraver l'avancement des justes causes.

Seigneur Lauviah, fais que mes actions soient toujours axées vers un objectif de mieux-être qui puisse profiter à tous les êtres humains, quelle que soit leur condition. Garde-moi de la haine et de la violence, et fais qu'à tout moment je sois capable de céder, plutôt que de détruire.

Seigneur Lauviah, je veux être ton instrument.

Lauviah, je te le dis, viens à ma rencontre pour répondre à mes interrogations et m'aider à atteindre le bonheur.

18
CALIEL

Seigneur Caliel, tu m'as donné quantité de dons. Aussi, aujourd'hui, fais en sorte que je puisse m'en servir de manière à ce qu'il me profitent et qu'ils profitent également à tous mes semblables. Mon esprit voit le monde que tu veux voir naître, et mes mains apprennent à modeler les formes qui en feront une réalité. La tâche ne sera pas facile, des épreuves et des embûches se présenteront mais aucune ne sera suffisamment forte pour m'écarter de mon chemin et m'éloigner de ta divine présence, parce que tu as aussi placé en moi la force et le courage pour les vaincre.

Seigneur Caliel, je te le demande, fais en sorte que cette candeur soit ce qu'il y a de plus fort, ce qu'il y a de plus intense en moi, pour que je puisse grâce à elle, puiser sans cesse à ta source de vie.

Caliel, je te le dis, viens à ma rencontre pour répondre à mes interrogations et m'aider à atteindre le bonheur.

19
LEUVIAH

Seigneur Leuviah, je sais que je suis un humain fait de matière mais je sais que je peux aussi, avec ton aide, parcourir en esprit les espaces infinis que tu m'offres de découvrir; je peux aller au-delà de ce monde concret que je connais pour découvrir l'essence même de la spiritualité qui m'anime. Je veux que tu me révèles tous les secrets enfermés dans ta profondeur divine; un par un, l'un après l'autre, dans un ordre parfait pour que mon intellect fragile puisse ainsi les assimiler et les projeter au monde des hommes.

Seigneur Leuviah, aiguise mes centres de perception pour que je puisse servir dans la réalisation de tes desseins, pour que je puisse, par mon exemple, montrer aux autres qu'il existe des forces insoupçonnées dans les profondeurs de leur être.

Leuviah, je te le dis, viens à ma rencontre pour répondre à mes interrogations et m'aider à atteindre le bonheur.

PAHALIAH

DU 27 JUIN AU 2 JUILLET

Seigneur Pahaliah, fais renaître en moi tous les principes qui ont animé le monde pour qu'il devienne ce qu'il est devenu et que, ainsi, je devienne ton humble serviteur dans la réalisation de tes desseins.

Seigneur Pahaliah, tu connais mon destin, ainsi je te demande de me guider sur la route qui est la meilleure que je puisse suivre afin que je ne sois pas détourné vers des buts futiles et que je contribue, de tout mon être, de toutes mes possibilités, de toutes mes capacités, à la création d'un monde nouveau qui profite à tous les humains de bonne volonté.

Seigneur Pahaliah, je veux être porteur de santé et de longue vie, messager de tes paroles empreintes de sagesse.

Pahaliah, je te le dis, viens à ma rencontre pour répondre à mes interrogations et m'aider à atteindre le bonheur.

21
NELCHAEL

Seigneur Nelchael, donne-moi les outils nécessaires pour que je puisse contribuer à la construction d'un avenir meilleur, donne-moi les repères nécessaires pour créer un monde aussi merveilleux que nos esprits peuvent l'imaginer.

Seigneur Nelchael, aiguise mes sentiments pour que je puisse ressentir l'expérience vivante de ce que chacun des hommes peut vivre sur cette terre, pour que dans ce nouveau monde auquel je veux contribuer, il n'existe ni injustice ni oppression, mais seulement un monde où chacun aura droit à sa part de bonheur et de richesse.

Seigneur Nelchael, donne-moi le courage de mes sentiments et de mes pensées pour que je lutte pour des lendemains humains pleins d'espérance.

Nelchael, je te le dis, viens à ma rencontre pour répondre à mes interrogations et m'aider à atteindre le bonheur.

22
YÉIAYEL

Seigneur Yéiayel, je veux que ton savoir et tes connaissances remplissent mes espaces intérieurs pour y créer une mer calme et apaisante, génératrice de force spirituelle. Je veux que tu me gardes à l'abri des tempêtes passionnelles et que tu me permettes d'accéder à cet univers d'harmonie qui est celui promis à tous les êtres humains remplis de bonne volonté.

Seigneur Yéiayel, inspire-moi dans mes paroles et mes gestes afin que je sache éviter de blesser mes semblables et que, au contraire, je me présente à eux le cœur ouvert et la main tendue et que je sois ainsi pour eux une source de réconfort. Je sais que, ce faisant, je trouverai moi aussi à mes côtés quelqu'un qui m'ouvrira son cœur et me tendra la main.

Yéiayel, je te le dis, viens à ma rencontre pour répondre à mes interrogations et m'aider à atteindre le bonheur.

23
MELAHEL

Seigneur Melahel, purifie mes sentiments, écarte de moi tout ce qui ne s'accorde pas avec les desseins que tu me réserves. Fais que mon cœur et mon esprit ne désirent que ce que toi, Seigneur, tu désires depuis ton éternité. Indique-moi la voie à suivre; montre-moi les gestes à faire, les paroles à prononcer, pour que je puisse ainsi contribuer, dans la mesure de l'être que je suis, à la création de ce monde en devenir.

Seigneur Melahel, fais en sorte que me soient donné le courage et la force qui me seront nécessaires pour contribuer à ton œuvre qui sera aussi celle de tous les humains. Tu sais des choses que nous ignorons, aussi inspire-nous pour que nous empruntions la bonne direction.

Melahel, je te le dis, viens à ma rencontre pour répondre à mes interrogations et m'aider à atteindre le bonheur.

HAHEUIAH

DU 18 AU 23 JUILLET

Seigneur Haheuiah, ne permets pas que les vertus que tu as emmagasinées dans mon âme deviennent des obstacles à mon évolution. Fais que je comprenne que, pour me rapprocher de ta lumière, je doive accepter de ne plus être ce que j'étais hier.

Seigneur Haheuiah, aide-moi pour que ma raison ne s'assombrisse pas au moment de l'épreuve et que j'aie le courage d'aller de l'avant, même si, en raison de cette transformation qui s'annonce, j'ai à connaître la souffrance. Grâce à toi, la force dynamique, portée par le temps, purifiera tous les recoins de mon âme, pour me transformer en cet être que je dois devenir.

Haheuiah, je te le dis, viens à ma rencontre pour répondre à mes interrogations et m'aider à atteindre le bonheur.

NITH-HAIAH

DU 23 AU 28 JUILLET

Seigneur Nith-Haiah, aide-moi à répandre sur mes frères les bontés que j'ai reçues de toi. Grâce aux énergies que tu m'insuffles, je saurai me mettre au travail pour les autres, et faire qu'à travers moi ils puissent recevoir ta force.

Seigneur Nith-Haiah, aide-moi à devenir juste et modéré, à utiliser avec sobriété les biens dont je dispose; fais que mon âme penche vers le partage et le cadeau généreux et fais que je sois aussi à la hauteur pour défendre les plus faibles.

Seigneur Nith-Haiah, je veux être un porteur de ta grâce, un distributeur de tes biens, un exécuteur de tes œuvres d'amour. En tout moment et en tout lieu, fais de moi un être sensible à la peine de ses frères.

Nith-Haiah, je te le dis, viens à ma rencontre pour répondre à mes interrogations et m'aider à atteindre le bonheur.

HAAAIAH

DU 28 JUILLET AU 2 AOÛT

Seigneur Haaaiah, aide-moi à effacer mon passé de ma mémoire; fais que l'oubli tombe sur ce que je fus et que, déjà, je ne veux plus être. De cette façon, la nostalgie cessera de me blesser, de même que la saveur des confortables habitudes qui, pendant des temps et des temps, m'ont maintenu captif de l'univers matériel. Je veux me diriger vers ta lumière; je veux découvrir l'univers d'où émane l'essence fondamentale de ce que je suis; je veux pouvoir entendre et écouter la musique des sphères.

Seigneur Haaaiah, je sais aujourd'hui que je suis un être de chair et d'os, mais je sais aussi qu'au-delà de ce corps matériel que j'habite, je suis animé d'une vie spirituelle qui me permet de me ressourcer sans cesse et de redécouvrir la finalité de mon être.

Haaaiah, je te le dis, viens à ma rencontre pour répondre à mes interrogations et m'aider à atteindre le bonheur.

27

YÉRATHEL

DU 2 AU 7 AOÛT

Seigneur Yérathel, purifie les canaux de mon corps pour que tes sublimes énergies puissent y circuler sans rencontrer aucun obstacle. Fais que je puisse vivre à mon niveau le plus élevé pour pouvoir, autour de moi, créer la divine harmonie que tu m'inspires.

Seigneur Yérathel, je te demande cependant de ne jamais permettre que mon talent prenne le pas sur ma morale, afin qu'ainsi, à tout moment, je puisse servir d'exemple. Rends-moi fidèle au monde d'en haut pour que tous mes gestes et tous mes maux soient le reflet fidèle de la vie dans l'univers et qu'ils forment, comme dans l'univers, un tout harmonieux. C'est ainsi que je vivrai sereinement et paisiblement.

Yérathel, je te le dis, viens à ma rencontre pour répondre à mes interrogations et m'aider à atteindre le bonheur.

28
SÉHÉIAH

Seigneur Séhéiah, donne-moi l'acuité et la conscience pour que je puisse apporter clarté là où la confusion règne, que je puisse apporter méthode là où tout est encore chaos; pour que je sois celui qui, grâce à tes pouvoirs, puisse prodiguer des conseils désintéressés et des jugements constructifs. Fais que cette voix qui émane des profondeurs de mon être m'indique le chemin à suivre, ce chemin où tu m'aidera à conserver mon intelligence propre, droite, sans déviation, face à la pression de l'intérêt matériel.

Seigneur Séhéiah, fais en sorte que toute compromission entre la raison et les instincts soit impossible; fais aussi que ta pénétration brillante ne me conduise pas à l'erreur de croire que la lumière vient de moi, et non pas de toi.

Séhéiah, je te le dis, viens à ma rencontre pour répondre à mes interrogations et m'aider à atteindre le bonheur.

REIYEL

DU 13 AU 18 AOÛT

Seigneur Reiyel, donne-moi le dynamisme et l'entrain nécessaires aux gestes que tu me souffles de faire. Je ne suis qu'un instrument, le tien. Intéresse-toi à moi, suis mes pas et, si je me trompe, si ma lumière intérieure ne me permet pas de comprendre ton dessein, et que je dévie de ma route, corrige mon parcours. Garde-moi en synergie avec tes énergies et avec la mémoire du monde; ne me débranche pas, même si je deviens incompréhensible, quand les passions humaines animent mon cœur.

Seigneur Reiyel, si je retrouve ta main en me réveillant de mes errements d'être humain, si je sais que tu es en train d'œuvrer par mon intermédiaire, je comprendrai que tu m'as pardonné mes erreurs et que tu es prêt à m'indiquer ma nouvelle voie. Tu es un être de pardon et, pour cela, j'essaierai de rendre le monde que tu m'a donné plus sensible à ton message divin.

Reiyel, je te le dis, viens à ma rencontre pour répondre à mes interrogations et m'aider à atteindre le bonheur.

30
OMAEL

Seigneur Omael, je sais que je suis un être humain, mais je sais aussi que je suis d'essence divine. Si, grâce aux actes méritoires de mon passé, tu fais descendre de l'or pour moi, insuffle-moi également les forces morales qui me permettront de ne pas vivre pour et par les biens matériels uniquement.

Seigneur Omael, je te prie de me donner un niveau de sagesse qui me permette d'utiliser cet or pour que la vie sur cette terre devienne de plus en plus facile, non seulement pour l'être que je suis, mais aussi pour tous mes semblables. Donne-moi le goût et l'élan de servir, donne-moi le désir de donner, donne-moi la volonté ferme et décidée d'être celui qui transmet. Fais-moi toujours garder cette conscience que je ne suis que l'administrateur de ces biens, qu'un simple agent entre ta bonté et les besoins des hommes.

Omael, je te le dis, viens à ma rencontre pour répondre à mes interrogations et m'aider à atteindre le bonheur.

LÉCABEL

DU 23 AU 28 AOÛT

Seigneur Lécabel, fais que ma nature émotive s'intègre harmonieusement à la complexité de l'univers. Ne laisse pas s'ancrer dans le moindre recoin de mon être rien qui appartienne à mon passé. Car l'être que j'ai été, je ne le suis plus; et celui que je suis, je ne le suis plus; et celui que je suis, je ne serai plus demain. Je suis un être en constante évolution et dans cette évolution, c'est toi qui m'indique la route à suivre.

Seigneur Lécabel, permets que mon cœur comprenne les raisons de ma tête, de façon que jamais je ne lève la main ni contre les êtres ni contre les choses. Que je sois paix et harmonie dans mes gestes et mes paroles. Que seules la sérénité et la quiétude m'habitent pour toujours. Ainsi, avec un juste équilibre atteint, je pourrai être le parfait intermédiaire entre les Seigneurs du Ciel, desquels tu es, et les hommes de la terre.

Lécabel, je te le dis, viens à ma rencontre pour répondre à mes interrogations et m'aider à atteindre le bonheur.

32
VASARIAH

Seigneur Vasariah, exacerbe ma foi pour que je puisse contempler, depuis l'endroit où je suis, les vérités des mondes dans lesquels la raison ne peut pas encore pénétrer. Fais que ma parole puisse apporter aux autres le goût des découvertes dans un monde où l'aspect matériel n'a qu'une importance relative; fais que ma parole porte les autres à découvrir tout le magique qui se dissimule dans la spiritualité endormie au plus profond de chacun de nous.

Seigneur Vasariah, procure-moi la solitude nécessaire à ma soif de méditation. Ensuite, lorsque mon âme regorgera de ta science sacrée, fais que j'approche des gens qui ont besoin de ton aide et que je sache alors leur transmettre le goût de te découvrir.

Vasariah, je te le dis, viens à ma rencontre pour répondre à mes interrogations et m'aider à atteindre le bonheur.

33
YÉHUIAH

Seigneur Yéhuiah, fais que mon intelligence ne fasse pas du besoin matériel un moyen et une finalité de mon existence. Fais que je prenne conscience que mon intellect est indissociable de sa source, jaillissante d'éternelle lumière; fais que je sache discerner ce qui est primordial, caché et déguisé dans les formes passagères. Fais que le message que je dois laisser à mes semblables soit une voie vers l'unité, de sorte que, par mon travail patient, les êtres humains puissent apercevoir des lumières d'autres dimensions, comme celles que je perçois aujourd'hui.

Seigneur Yéhuiah, évite que je m'enlise dans mes petites certitudes; évite que je m'enferme dans des dogmes scientifiques. Donne-moi l'audace de pousser mon intelligence toujours au-delà; la hardiesse de ne m'identifier à aucune vérité passagère; la sagesse de ne pas confondre ma lumière avec ta lumière.

Yéhuiah, je te le dis, viens à ma rencontre pour répondre à mes interrogations et m'aider à atteindre le bonheur.

34
LÉHAHIAH

Seigneur Léhahiah, donne-moi la force physique nécessaire pour transporter sur mes épaules – sans en être accablé – ta vérité éternelle de ci de là, en doux pèlerinage, de par tout l'univers; que ma force physique soit également à l'image de ta force morale, et que ainsi, je puisse être une pièce utile dans la réalisation de tes desseins.

Seigneur Léhahiah, je veux être le forgeron, le charpentier, le maçon, celui qui élabore les petites choses mais qui sait aussi qu'elles contribuent à de grandes œuvres. Ce faisant, je sais que je permettrai à la vérité de trouver sa place dans les demeures des hommes.

Léhahiah, je te le dis, viens à ma rencontre pour répondre à mes interrogations et m'aider à atteindre le bonheur.

35
CHAJAKHIAH

Seigneur Chajakhiah, fais que le courant de ta pensée circule dans mon cerveau et le régénère; fais que les battements de ton cœur soient à l'unisson de ceux de mon cœur, que mon geste soit ton geste, que ma parole soit ta parole. Fais qu'en moi le masculin et le féminin occupent leurs places respectives et ne permets pas que l'imagination exaltée me porte à ambitionner d'autres luxes que celui de comprendre la merveilleuse machine du monde que le Tout-Puissant a créée.

Seigneur Chajakhiah, fais que peu importe l'endroit où je me trouve, je puisse non seulement t'exalter et te célébrer, mais aussi garder une communication permanente avec toi.

Chajakhiah, je te le dis, viens à ma rencontre pour répondre à mes interrogations et m'aider à atteindre le bonheur.

MÉNADEL

DU 18 AU 23 SEPTEMBRE

Seigneur Ménadel, je te demande que, par moi, tu manifestes ta miséricorde et ton grand cœur afin que je sache donner l'exemple dans le pardon. Avec d'autres, je saurai ainsi mettre en branle un processus irréversible qui contribuera à établir un nouveau climat d'harmonie et de paix entre les hommes de bonne volonté. Certes, je ne suis qu'un grain de sable et mon exemple n'aura d'effet que dans un entourage restreint, mais il n'en demeure pas moins qu'un jour nous serons des centaines, des milliers, des millions à partager ce même désir d'harmonie. Alors, l'harmonie sera.

Seigneur Ménadel, de ce point d'évolution où tu m'as placé, sache donc mettre à profit tous mes ressorts humains pour que l'œuvre de la création se poursuive avec force et vigueur.

Ménadel, je te le dis, viens à ma rencontre pour répondre à mes interrogations et m'aider à atteindre le bonheur.

ANIEL

DU 23 AU 28 SEPTEMBRE

Seigneur Aniel. Impose-moi cette conscience de l'unité de ton règne et la vision de ce que sera la vie lorsque les voix des instincts sauvages se tairont et trouvent enfin un silence ordonné. Fais aussi, et surtout, que cette connaissance intérieure puisse être exprimée dans mon comportement. Fais que ton idée devienne chez moi muscle et sang, de façon que mes gestes parlent mieux et plus fort que mes mots.

Et dans ce voyage vers notre avenir prometteur, garde-moi de ce danger de ce naufrage qui guette toujours l'homme si son âme se détache de l'éternel pour adorer sa personnalité passagère et mortelle.

Seigneur Aniel, lorsqu'un miroir me renvoit mon image, fais que mes yeux te découvrent dans cette image.

Aniel, je te le dis, viens à ma rencontre pour répondre à mes interrogations et m'aider à atteindre le bonheur.

38
HAAMIAH

Seigneur Haamiah, aide-moi à extérioriser les valeurs spirituelles que Dieu m'a conférées. Fais que je sache discerner le vrai du faux et permets que dans mon travail quotidien je puisse rendre témoignage de la vérité et de la sagesse. Rends-moi fort dans l'adversité, et ne permets pas que mes lèvres prononcent des paroles faussées pour échapper à des situations embarrassantes. Seigneur Haamiah, prends-moi par la main, pour me conduire jusqu'au trône de Dieu; libère-moi des servitudes matérielles, pour que je puisse trouver dans la méditation, l'espace dont j'ai besoin pour réaliser le destin que Dieu m'a réservé; accrois mon amour envers lui et fais que mes actions lui soient agréables.

Seigneur Haamiah, instruis-moi sans cesse; déverse sur moi ta connaissance et ton savoir, car je veux être un instrument efficace de cette création permanente qu'est notre monde.

Haamiah, je te le dis, viens à ma rencontre pour répondre à mes interrogations et m'aider à atteindre le bonheur.

RÉHAEL

DU 3 AU 8 OCTOBRE

Seigneur Réhael, fais qu'en moi ta lumière soit solide et ferme comme une pierre; fais que mes ambitions soient vastes, non pas pour projeter chez mes semblables l'image de ma personnalité, mais pour refléter en eux tes pouvoirs divins. Donne-moi solitude et apaisement pour que je puisse bien m'imprégner de ton essence, de façon que ma vue arrive jusqu'à voir ce qui est normalement caché aux regards profanes.

Seigneur Réhael, surtout, aide-moi contre la tentation d'utiliser les dons que tu me donnes pour encourager ma vanité, ou pour nuire à mon prochain. Je veux être un instrument de bonté placé entre tes mains - et toujours être conscient de n'être rien de plus que ton instrument.

Réhael, je te le dis, viens à ma rencontre pour répondre à mes interrogations et m'aider à atteindre le bonheur.

IÉIAZEL

Seigneur Iéiazel, permets-moi de reconnaître ceux qui furent jadis mes frères, ceux qui furent mes ennemis, mes adversaires, ceux que j'ai aimés, ceux que j'ai haïs: pour que nous puissions tous ensemble créer un espoir nouveau. Place-moi au cœur du conflit, dans l'œil de l'ouragan, si je sais que tu m'accompagnes, ton Amour qui s'épanche dans mon imagination, saura surmonter les tempêtes et les affrontements.

Seigneur Iéiazel, fais de moi un homme fidèle: fidèle envers ceux d'en haut; fidèle envers ceux d'en bas. Fais aussi que je sois l'homme du juste équilibre dans les positions qui t'affrontent, ne me permets pas de céder à la tentation d'être du côté des uns ou du côté des autres.

Seigneur Iéiazel, fais de moi un porteur d'espoir.

Iéiazel, je te le dis, viens à ma rencontre pour répondre à mes interrogations et m'aider à atteindre le bonheur.

41
HAHAHEL

Seigneur Hahahel, fais que mes lèvres expriment ce qui est digne; fais que mes mots soient, pour ceux qui m'écoutent, un témoignage de ton existence et de la profondeur de tes desseins. Fais également que tous ceux qui ont recours à moi trouvent, grâce à l'énergie que tu me transmets, soutien et réconfort.

Seigneur Hahahel, fais qu'avec mes mots et mes actions, je puisse montrer aux autres ces perspectives que l'on ne voit pas avec les yeux, cette vie spirituelle qui, lorsqu'elle nous anime, nous permet de concrétiser nos moindres rêves.

Oui, Seigneur Hahahel, fais de moi un instrument qui servira à montrer aux autres que nous sommes l'être que nous voulons être, que nous obtenons ce que nous voulons obtenir, à la condition de garder les canaux spirituels ouverts.

Hahahel, je te le dis, viens à ma rencontre pour répondre à mes interrogations et m'aider à atteindre le bonheur.

42
MIKHAEL

Seigneur Mikhael, aide-moi à trouver ma place dans le cosmos et permets-moi d'utiliser les vertus acquises tout au long de mes vies pour, avec elles, illuminer la partie obscure de mon univers. Permets que je sois comme une rivière de feu dans laquelle peuvent se purifier tous ceux qui se rapprochent d'elle. Permets-moi d'être celui qui distribue la flamme à ceux qui n'ont pas reçu en son temps leur part d'éternité. Seigneur Mikhael, fais en sorte que l'intelligence active qui m'habite soit le reflet du savoir divin et que dans mon âme la soif d'agir et d'apprendre ne s'éteigne jamais.

Et quand mon esprit se détachera, porté par cet empressement de toujours aller au-delà de lui-même, fais en sorte que je poursuive mon périple jusqu'à rencontrer le Tout-Puissant.

Mikhael, je te le dis, viens à ma rencontre pour répondre à mes interrogations et m'aider à atteindre le bonheur.

43
VEULIAH
DU 23 AU 28 OCTOBRE

Seigneur Veuliah, donne-moi la juste mesure de tes dons et de tes qualités, pour qu'ainsi ma raison ne soit pas le seul juge de tous mes actes, ni mon imagination prétende être le seul guide de ma vie. Je sais que c'est toi qui me guides car, toi mieux que moi connais le véritable destin qui m'est réservé. Fais que mes désirs acceptent les commandements de ton esprit et que la fidélité règne parmi les différentes tendances, enfermées dans mon être.

Seigneur Veuliah, tu m'as donné la facilité pour apprendre et pour convaincre, et je veux que tu m'éloignes de tout ce qui est insignifiant, petit, dérisoire ou futile. Éveille mon intérêt pour ce qui est éternel, pour que de ma bouche ne puissent pas sortir des propos sans importance, des mots pour des mots. Ainsi, Seigneur Veuliah, je pourrai être l'émissaire de la vérité à laquelle tu as accès.

Veuliah, je te le dis, viens à ma rencontre pour répondre à mes interrogations et m'aider à atteindre le bonheur.

44
YÉLAHIAH

Seigneur Yélahiah, qui possède la force qui peut transformer l'obscurité en pure lumière, aide-moi à sortir de la pénombre dans laquelle je vis. Libère-moi de mes attaches matérielles et aide-moi à découvrir les forces qui sommeillent dans mon âme afin que cela puisse me permette de vaincre les écueils que je rencontre et que je rencontrerai sur mon chemin.

Seigneur Yélahiah, demande à Dieu qu'il se montre bienveillant envers ce serviteur que je suis pour lui, et qu'il m'aide à guérir mes maux et soulager mes souffrances. Aide-moi à être aimable et gentil, éveille mon intuition pour comprendre les messages que tu m'envoies dans mes rêves, et permets que je puisse me débarrasser de mes mauvaises habitudes autant physiques que morales.

Yélahiah, je te le dis, viens à ma rencontre pour répondre à mes interrogations et m'aider à atteindre le bonheur.

45
SÉALIAH

Seigneur Séaliah, donne-moi de bonnes causes à servir; présente-moi des Seigneurs dont les horizons sont vastes, à qui je puisse apporter ma fidèle efficacité. Oriente-moi vers des situations dans lesquelles puissent briller les qualités que tu m'as insufflées et, s'il m'appartient de travailler pour des seigneurs bas et mesquins, donne-moi le jugement et l'ambition d'agir avec justesse et justice.

Seigneur Séaliah, fais qu'avec ma voix et mon geste je puisse calmer les esprits coléreux; fais que je sois un exemple de générosité et de dévouement; fais que mon cœur et mon esprit vivent en parfaite harmonie, ainsi que mes pensées et mes actes, et que je puisse transmettre à mes semblables cette paix que tu as mise dans mon âme.

Séaliah, je te le dis, viens à ma rencontre pour répondre à mes interrogations et m'aider à atteindre le bonheur.

ARIEL

DU 7 AU 12 NOVEMBRE

Seigneur Ariel, permets-moi d'être sur terre le dépositaire de ta Lumière et, si des pouvoirs me sont concédés pour arbitrer des conflits entre mes semblables, aide-moi pour que je puisse apporter des solutions dans une perspective humaine élevée, en pensant au bien des gens, et en harmonie avec l'ensemble de l'univers.

Seigneur Ariel, garde en moi l'inquiétude pour ce qui est transcendant, afin que cette lumière que j'ai emmagasinée fasse de moi ton ambassadeur qui apporte l'équilibre à ceux qui vivent en harmonie avec l'enseignement universel, mais à ceux aussi qui ont perdu le chemin et qui, trop souvent, errent entre le bien et le mal.

Ariel, donne-moi la chance d'être l'homme juste et, je te le dis, viens à ma rencontre pour répondre à mes interrogations et m'aider à atteindre le bonheur.

ASALIAH

DU 12 AU 17 NOVEMBRE

Seigneur Asaliah, par toi je veux m'adresser à Dieu qui rend éternelles les situations et qui procure les plaisirs à ceux qui vivent dans la paix. Je lui demande de m'aider à faire sortir de mon for intérieur tout ce qui, d'une façon ou d'une autre, pourra être utile au renouveau de la vie.

Seigneur Asaliah, de mon passé fais toutefois seulement sortir ce qui parle de l'éternel amour, seulement ce qui est raisonnable et juste, et que soit enterrée en moi la complaisance pour ce qui est éphémère, pour ce qui s'écroule sous le poids des conventions. Permets-moi de vaincre mon orgueil, d'oublier mes vains désirs, et de repousser loin de moi la jalousie.

Seigneur Asaliah, je veux ainsi par mon vécu, être un exemple des vertus qui émanent de toi.

Asaliah, je te le dis, viens à ma rencontre pour répondre à mes interrogations et m'aider à atteindre le bonheur.

48
MIHAEL

Seigneur Mihael, réveille-moi du rêve de la raison pour me permettre d'accéder à des aspirations pures, atteignables même si elles paraissent si éloignées. Fais que je puisse offrir à cette société qui m'entoure une vision équilibrée de ton royaume. Seigneur Mihael, donne-moi la force de me libérer de mes ennemis intérieurs et extérieurs et de me dégager de tout ce qui me retient prisonnier dans les niveaux inférieurs de tes mondes, afin que, par le canal de mon âme puisse circuler, courir et se répandre ma vie spirituelle.

Seigneur Mihael, fais également que je reste encore plus proche de mes semblables pour qu'ils ne voient pas en moi un être étrange mais un être comme eux, mais qu'ils pourront écouter en pleine confiance, car je saurai alors leur parler des Seigneurs auxquels tu appartiens.

Mihael, je te le dis, viens à ma rencontre pour répondre à mes interrogations et m'aider à atteindre le bonheur.

VÉHUEL

DU 22 AU 27 NOVEMBRE

Seigneur Véhuel, inspire mon esprit pour que je puisse tirer des conclusions générales à partir d'observations particulières, pour que tout en moi puisse se reconstruire selon l'ordre naturel et apporter aux autres l'image de ta divine harmonie; pour qu'ils découvrent que c'est dans cette harmonie que réside le rythme parfait qui anime toutes choses.

Seigneur Véhuel, donne-moi le pouvoir de devenir celui qui, par toi, saura trouver une signification profonde et universelle aux choses, aux faits, aux situations, à tout ce qui est. Que je médite et partage ensuite ces découvertes.

Sache que tu as mis une bien lourde tâche sur mes frêles épaules, mais si tu m'indiques les repères pour le chemin à suivre, je le suivrai et ferai ce que tu me souffles à l'esprit.

Véhuel, viens à ma rencontre pour répondre à mes interrogations et m'aider à atteindre le bonheur.

50
DANIEL

Seigneur Daniel, fais que mon projet vers le futur ne soit pas un pur jeu, un vain rêve; permets qu'en jetant les filets de ma fantaisie dans ton monde constellé, je puisse revenir vers mes semblables, les hommes, avec une pêche abondante de vérités qui existent en nous et que l'on a parfois peine à trouver à cause justement de leur évidence.

Seigneur Daniel, fais circuler dans mes veines le souffle de l'éternité; fais que mon intelligence conçoive le palais de l'esprit et qu'avec les pierres de mon passé, avec mes mains, avec des milliers de mes semblables, je puisse contribuer à construire un monde nouveau.

Daniel, viens à ma rencontre pour répondre à mes interrogations et m'aider à atteindre le bonheur.

51
HAHASIAH

Seigneur Hahasiah, fais que dans mon for intérieur resplendisse la lumière pour que mes sentiments s'accommodent des exigences de ce monde en devenir. Fais que mon amour se complaise en tout ce qui est noble et élevé. Fais que mon énergie intérieure se projette vers des objectifs élevés. Fais que mes sentiments puissent s'intégrer harmonieusement au monde de l'esprit et qu'ils soient les heureux inspirateurs de ma raison et qu'ainsi, sentiments et raison deviennent générateurs de conscience.

Seigneur Hahasiah, si tu m'as désigné pour être un de tes émissaires sur terre, un de tes messagers, je te prie de me donner le courage et la force de vaincre les périls et surmonter les embûches qui ne manqueront pas de se dresser sur mon chemin.

Hahasiah, viens à ma rencontre pour répondre à mes interrogations et m'aider à atteindre le bonheur.

52
IMAMIAH

Seigneur Imamiah, fais que mes passions soient celles de t'aimer et de te bénir, et d'aimer mes semblables et d'agir de façon à les faire bénéficier des dons que tu m'as donnés. Ne t'éloigne pas de moi, aime-moi, afin que tous ceux qui s'approchent de moi à la recherche d'un ami, puissent te trouver, toi, à travers moi. Ainsi, j'aurai la force et l'énergie pour communiquer un réconfort paisible et calmant, et heureux.

Seigneur Imamiah, sache aussi, surtout, que mon souhait le plus ardent est que ma quête, même dans mes propres entrailles, n'ait d'autre but que celui de te trouver, toi, en moi. Je sais en toute âme et conscience, que tu es mon passé, mon présent et mon avenir. La seule chose qui pourrait me faire souffrir, est la perte de ton amour.

Imamiah, je te le dis, viens à ma rencontre pour répondre à mes interrogations et m'aider à atteindre le bonheur.

53
NANAEL

Seigneur Nanael, fais qu'en moi les qualités et les dons que tu me transmets fermentent, fais que je sois le porte-drapeau, le premier, un de ceux qui, par ta grâce, conduire les hommes au-delà de la réalité matérielle que nous connaissons. Fais bouillir en moi cette formidable énergie avec laquelle je pourrai découvrir les mystères secrets de mon âme.

Seigneur Nanael, libère-moi de la turbulence et de la colère, transmets-moi ta sagacité, ta subtilité, ainsi – et ainsi seulement – je sais qu'arrivera jusqu'à mes oreilles ta voix divine qui me dira quel est mon destin.

Nanael, je te le dis, viens à ma rencontre pour répondre à mes interrogations et m'aider à atteindre le bonheur.

NITHAEL

DU 17 AU 22 DÉCEMBRE

Seigneur Nithael, permets que le contenu de mon inconscient s'intègre harmonieusement à ma pensée consciente. Fais que les situations complexes de mon passé perdent leur opacité et deviennent limpides et transparentes, pour qu'aune souffrance ancienne ne perturbe mes rêves, ni n'amène la tristesse à mon esprit. Seigneur Nithael, inspire-moi pour que tous ceux qui vivent une situation semblable à celle qui est la mienne puissent trouver dans mes mots et mes actions des repères qui leur permettront de sortir du labyrinthe de leurs émotions. Oui, fais de moi un interprète, pour tous ceux qui parlent cette même langue d'humain qu'est celle des véritables sentiments.

Nithael, je te le dis, viens à ma rencontre pour répondre à mes interrogations et m'aider à atteindre le bonheur.

55
MÉBAHIAH

Seigneur Mébahiah, aide-moi pour les vertus ne sortent pas de moi sans discernement, mais qu'elles sortent de ma sphère lumineuse au moment où elles seront les plus profitables pour l'édification de notre nouveau monde.

Seigneur Mébahiah, fais que par moi puissent trouver leur plénitude ceux qui sont poussés par un souhait ardent de servir, et fais aussi que, grâce à mon action, combinée à celle de mes semblables, nous puissions être en mesure d'agir à l'unisson avec le battement cosmique afin que tout puisse trouver, à travers nous, son orbite parfaite, sa parfaite ligne d'univers.

Nous sommes d'essence divine et, aujourd'hui, nous le prouvons.

Mébahiah, je te le dis, viens à ma rencontre pour répondre à mes interrogations et m'aider à atteindre le bonheur.

56
POYEL

Seigneur Poyel, avec ton aide je suis en train de m'éloigner de la zone sombre créée par le doute et l'hésitation; j'abandonne les châteaux de matière et j'avance dans tes terres promises qui sont une vie spirituelle, riche et prometteuse. Dans un lointain passé, à ta guise tu m'as guidé, et je t'ai obéi et suivi, et après c'est moi qui ai voulu structurer le monde, en accord avec ton enseignement.

Seigneur Poyel, je veux à présent agir avec toi à l'unisson. Ta main dans ma main, ton souffle dans mon élan; et je veux que nous laissions des marques et des empreintes pour que tous ceux qui viendront derrière moi puissent trouver un chemin déjà tout tracé, et découvrir les gestes et les mots dont ils ont besoin pour faire œuvre de création.

Poyel, je te le dis, viens à ma rencontre pour répondre à mes interrogations et m'aider à atteindre le bonheur.

57
NÉMAMIAH

Seigneur Némamiah, toi qui dissimules ton visage dans l'engrenage des affaires humaines, si ton puissant doigt m'a désigné, moi, pour modeler ta glaise, protège-moi, surtout aide-moi, et ne permets pas que, dans ce jeu, je prenne plus d'importance que je n'en ai. Tu es le Maître, je suis le serviteur. Seigneur Némamiah, suis mes pas surtout si je dois vivre toute ma vie sans découvrir l'éternelle source de lumière; ne permets pas qu'une ambition excessive s'empare de moi; ne laisse pas tomber, comme une chape de plomb sur mes épaules, un trop lourd karma.

Quand je comprendrai, quand je saurai, quand ta face cachée me sera révélée, mon amour te sera à jamais accordé car tu m'auras transmis une partie importante de ton savoir et tes connaissances et que je saurai alors quel est mon destin.

Némamiah, je te le dis, viens à ma rencontre pour répondre à mes interrogations et m'aider à atteindre le bonheur.

YÉIALEL

DU 5 AU 10 JANVIER

Seigneur Yéialel, permets-moi de transmettre la vie, fais que tout fleurisse autour de moi, et dépose en mon sein la bonne graine, pour que tout ce qui germe en moi soit digne du regard du Tout-Puissant, dont je suis et serai toujours l'humble serviteur. Je veux que de mon obscurcissement naisse la lumière et que mon sacrifice se transforme en source de vie.

Seigneur Yéialel, je veux que tu déposes dans mes mains la baguette magique qui trouve les courants d'eau profonde pour que je puisse faire jaillir, dans la terre aride des humains, cette eau divine qui émane du feu créateur et qu'ainsi, tous et chacun découvrent en eux l'essence divine qui circule.

Yéialel, je te le dis, viens à ma rencontre pour répondre à mes interrogations et m'aider à atteindre le bonheur.

HARAHEL

DU 10 AU 15 JANVIER

Seigneur Harahel, je te rends grâce pour cette halte, en chemin, que tu m'offres. Permets-moi de partager avec mes semblables l'abondance de biens dont tu m'as entouré et inspire-moi pour que je mette mes paroles et mes gestes au bénéfice de ceux qui vivent une crise de l'âme – aide-moi à les aider à retrouver l'équilibre nécessaire. Seigneur Harahel, j'apprends à te connaître et je sais que tu me suis pas à pas pour m'aider à être bon et généreux auprès de mes semblables, désintéressé aussi puisque je sais que, le jour venu, le Tout-Puissant me récompensera. Sache aussi que cette ambition que tu me permets de nourrir est porteuse de solutions heureuses pour tous. Que l'amour que j'inspire soit l'amour que tu inspires, que la science qui sort de moi soit ta science, que l'art que j'exprime soit celui de l'essence divine que nous partageons.

Harahel, je te le dis, viens à ma rencontre pour répondre à mes interrogations et m'aider à atteindre le bonheur.

60

MITZRAEL

DU 15 AU 20 JANVIER

Seigneur Mitzrael, oriente mes aspirations vers ce qui est élevé, vers ce qui est noble, vers ce qui est digne de ta toute-puissance; permets-moi de faire monter vers tes hauteurs toutes les créatures qui s'approcheront de moi; laisse-moi leur faire sentir dans mon haleine et dans mon souffle le parfum et la saveur de ta transcendance. Oriente mes pas vers les montagnes et non pas vers les vallées; vers les sommets inaccessibles, au-delà des nuages, vers l'éther pur de la voûte céleste. C'est là que la vérité luit.

Seigneur Mitzrael, fais briller en moi les vertus non pas pour que je les porte en parure, que je flatte ma vanité, mais plutôt pour témoigner de ta présence bienfaitrice. Je suis ton instrument, j'attends ton signe pour emprunter la voie que tu m'indiqueras.

Mitzrael, je te le dis, viens à ma rencontre pour répondre à mes interrogations et m'aider à atteindre le bonheur.

61
UMABEL
DU 20 AU 25 JANVIER

Seigneur Umabel, donne-moi la force et le courage pour affronter mes responsabilités, et la lucidité pour faire les choses en temps voulu, sans précipitation, sans brûler les étapes mais sans trop tarder non plus. Je veux lutter pour un monde nouveau, je veux œuvrer pour la concrétisation de la terre promise mais je te demande de me garder, Seigneur, de la tentation d'y pénétrer par anticipation.

Seigneur Umabel, si je dois fixer les objectifs des batailles, que l'amour et la beauté soient les noms de ce que nous visons; aide-moi pour qu'il n'y ait pas d'autre dessein en moi que celui de construire sur cette terre ce qui existe déjà dans le Ciel.

Umabel, je te le dis, viens à ma rencontre pour répondre à mes interrogations et m'aider à atteindre le bonheur.

IAH-HEL

DU 25 AU 30 JANVIER

Seigneur Iah-Hel, accorde-moi le privilège de contribuer à l'élaboration sur cette terre de l'ordre qui est en vigueur au Ciel. Fais que mon intelligence comprenne la mesure divine, et guide-moi alors vers les circonstances qui me permettront de l'extérioriser. Que ta lumière m'éclaire pour que je puisse transmettre et communiquer ce qui est conforme à la règle divine, et protège-moi également de ma curiosité qui peut me conduire vers les choses profanes. Fais de moi un être curieux des secrets cosmiques. Seigneur

Iah-Hel, ne permets pas que je sois serviteur d'un Seigneur autre que toi, ni que j'arbore d'autres pouvoirs que ceux que tu acceptes de me déléguer directement en connaissant d'avance ce à quoi ils serviront.

Seigneur Iah-Hel, garde-moi dans ton obéissance et ne m'écarte pas de la sphère de ton amour.

Iah-Hel, je te le dis, viens à ma rencontre pour répondre à mes interrogations et m'aider à atteindre le bonheur.

63

ANAUEL

Seigneur Anauel, toi qui as permis le mélange de mon souffle avec ton souffle afin que je sois en mesure de contempler, en moi, dans mon for intérieur, la beauté d'un amour sans frontières, fais que je sois pour mes semblables celui qui transmet ton harmonie divine, celui qui apporte la paix et le calme aux âmes troublées.

Seigneur Anauel, qu'il n'y ait pas de confusion entre cet amour – qui est loi de l'univers – et les passions humaines qui d'habitude agitent les cœurs. Qu'à tout moment et en tout lieu, je sache jouer le rôle d'un bon intermédiaire et non celui d'un promoteur solitaire.

Que ta parole se communique par ma voix et que mes mots soient les tiens.

Anauel, je te le dis, viens à ma rencontre pour répondre à mes interrogations et m'aider à atteindre le bonheur.

MÉHIEL

DU 4 AU 9 FÉVRIER

Seigneur Méhiel, c'est par mon intelligence, mon savoir et mes connaissances, que je veux exprimer mon univers. Je sais qu'il y a des stades que je n'ai pas pu encore atteindre, qu'il y a des sommets que non seulement je n'ai pas encore visités, mais aussi, que je n'arrive pas à comprendre, mais je sais toutefois avec certitude, qu'au-delà de mon monde, il existe un monde plus vaste dans lequel un jour nous pourrons tous pénétrer.

Seigneur Méhiel, je te demande simplement de me le faire entrevoir, pour que je devienne l'annonciateur de toutes tes merveilles à mes semblables qui se trouvent à des niveaux plus bas que le mien. J'ai atteint un point duquel je peux voir clairement, que tout est un, tout est unité, et que cela le restera à jamais: c'est l'ordre universel, éternel et immuable et pourtant, en constante évolution.

Méhiel, je te le dis, viens à ma rencontre pour répondre à mes interrogations et m'aider à atteindre le bonheur.

DAMABIAH

DU 9 AU 14 FÉVRIER

Seigneur Damabiah, je veux me mouvoir exactement dans les limites de tes desseins précis; je veux que mon incursion sur le plan matériel ne soit qu'un épisode, qu'un entracte, qu'une distraction, dans le grand opéra de mon existence. Et une fois assimilées les leçons que ta volonté a bien voulu m'assigner, je demande ton aide pour pouvoir retourner à la source même de la lumière, là où je sais d'où je viens et où tout resplendit toujours.

Seigneur Damabiah, j'ai été ton instrument, mais cela m'a aussi permis d'apprendre les leçons que je devais - et que je dois encore apprendre sans dépasser les limites de ce qui peut être concédé aux humains.

Je suis et serai toujours ton instrument car toi mieux que quiconque connais les grands desseins de l'univers.

Damabiah, je te le dis, viens à ma rencontre pour répondre à mes interrogations et m'aider à atteindre le bonheur.

MANAKEL

DU 14 AU 19 FÉVRIER

Seigneur Manakel, rends ma mémoire in-conscient de tous les éléments polluants; éloigne de mes rêves les images déprimantes, effrayantes ou monstrueuses et fais que mes projections imaginatives aient un sens et que grâce à elles, mes semblables, les humains, puissent entr'apercevoir un univers sans frontières, dans lequel le passé ancestral donne la main à un avenir prometteur.

Seigneur Manakel, fais que je trouve mon point d'équilibre entre ma réalité physique et ma réalité imaginative, pour que je puisse être le programmeur d'un monde situé, aujourd'hui, au-delà de l'humain mais qui nous est tout de même accessible par la spiritualité.

Manakel, je te le dis, viens à ma rencontre pour répondre à mes interrogations et m'aider à atteindre le bonheur.

EYAEL

DU 19 AU 24 FÉVRIER

Seigneur Eyael, je souhaite que par mon canal viennent au monde des âmes nobles et élevées; je voudrais être élu par toi pour transmettre la vie à des êtres supérieurs qui pourront témoigner de ton règne. Mais si la nécessité exige que de moi viennent des êtres difformes de corps ou d'âme, ouvre mon corps à l'amour pour qu'ils trouvent en moi les vertus dont ils ont besoin pour leur passage sur la terre. Toi seul connais les desseins mystérieux qui nous sont réservés et ce n'est pas à moi de les juger. Je ne peux que les accepter et les vivre du mieux que je le peux.

Oui, Seigneur Eyael, transmets-moi le don de puiser dans les sources même de la vie pour y trouver la force et le réconfort nécessaires aux épreuves que j'ai à traverser.

Eyael, je te le dis, viens à ma rencontre pour répondre à mes interrogations et m'aider à atteindre le bonheur.

68
HABUHIAH

Seigneur Habuhiah, permets-moi de contempler l'éternité dans les cristallisations physiques de ton essence; permets-moi de voir dans les objets matériels et dans tout ce qui a été institué, l'expression transitoire de ton avènement divin.

Seigneur Habuhiah, sache que je veux participer à l'élaboration de ce récit cosmique que tu es en train d'écrire avec les vagues de vies successives que tu propulses vers le monde et sur lesquelles je surnage présentement.

Ton inspiration, pour ce récit, est divine, car elle émane de la mémoire universelle de l'univers – une mémoire où le passé, le présent et l'avenir sont écrits d'une encre indélébile.

Je suis de ce destin global, comme tous mes semblables.

Habuhiah, je te le dis, viens à ma rencontre pour répondre à mes interrogations et m'aider à atteindre le bonheur.

69

ROCHEL

Seigneur Rochel, insuffle en moi la conscience et la force de réaliser combien les choses sont passagères. Ne permets pas que je m'identifie au succès ou à la gloire qui me vient de toi, ni que je considère comme miens les pouvoirs que tu m'as donnés. Et si je venais à trop privilégier mon orgueil, je te demande, Seigneur, de me retirer ces dons pour que je reste l'être que je dois être, l'humain qui doit constamment vibrer au contact de ses semblables. Seigneur Rochel, je veux être un simple acteur de la pièce que tu écris aujourd'hui et qui s'inscrit dans une œuvre combien plus importante, celle de la vie, celle de l'univers. Aide-moi seulement à conserver la soif de ce qui est essentiel.

Rochel, je te le dis, viens à ma rencontre pour répondre à mes interrogations et m'aider à atteindre le bonheur.

JABAMIAH

DU 6 AU 11 MARS

Seigneur Jabamiah, inspire mon âme pour que mon travail humain s'écoule dans les chemins de l'abstrait. Aide-moi à découvrir dans mes espaces intérieurs les grands espaces cosmiques, de façon à ce que mon rythme adopte celui de l'univers. Fais que mon intelligence puisse trouver la solution difficile que l'on attend à ce que je trouve. Mais fais aussi que je sois un être de sentiments et d'émotions. Surtout, quelle que soit la situation, éloigne de moi la tentation de m'enrichir avec l'exploitation de mes talents.

Seigneur Jabamiah, dans cette dernière étape d'un cercle d'évolution, donne-moi la sérénité nécessaire pour que je puisse assimiler les expériences cumulées dans mes vies antérieures et que je sois sensible à aucune autre beauté qu'à celle de la beauté qui émane du divin.

Jabamiah, je te le dis, viens à ma rencontre pour répondre à mes interrogations et m'aider à atteindre le bonheur.

HAIAIEL

DU 11 AU 16 MARS

Seigneur Haiaiel, tu m'as permis d'accéder au faisceau direct de ta lumière et je sais que c'est un honneur que je dois mériter pour chacun de mes gestes et chacune de mes paroles. Je te demande donc, aujourd'hui comme demain, de me mener sur le chemin du savoir et de la connaissance, là où je pourrai m'instruire sur tes Lois et prendre conscience de l'organisation du cosmos et, par le fait même, de l'organisation de notre condition humaine.

Seigneur Haiaiel, fais que les entreprises où je réussis soient toujours celles qui sont inspirées par ton dessein et, puisque ta volonté est en jeu, fais en sorte que je sois cet humain qui, par son comportement, allié à celui de milliers de ses semblables, permettra à notre monde actuel de faire bond vers l'avant, de progresser vers le mieux-être permanent.

Haiaiel, je te le dis, viens à ma rencontre pour répondre à mes interrogations et m'aider à atteindre le bonheur.

MUMIAH

DU 16 AU 21 MARS

Seigneur Mumiah, instruis-moi sur tes desseins occultes; ne fais pas de moi un instrument aveugle: fais, au contraire, que ma conscience se trouve illuminée de ta lumière. Ainsi, je serai mieux en mesure de contribuer, à ma façon, à l'édification de ce monde nouveau, d'amour et de paix qui est en devenir.

Seigneur Mumiah, tu es en contact permanent avec le Tout-Puissant; tu es en synergie avec les moindres mouvements du cosmos, tu sais plus que personne ne peut savoir, tu connais les desseins mystérieux qui nous attendent. Pourtant, je ne crains rien car je sais que je suis d'essence divine. Si je te prête l'oreille, tu ne pourras que me protéger de l'adversité.

Mumiah, je te le dis, viens à ma rencontre pour répondre à mes interrogations et m'aider à atteindre le bonheur.

DEUXIÈME PARTIE

PRIÈRES POUR CONTACTER
LES ÊTRES DE LUMIÈRE
QUE SONT LES ANGES

HYMNE À L'AMOUR

(prière de saint François d'Assise)

Seigneur, fais de moi un instrument
de ta paix.
Là, où est la haine,
que je mette l'amour.
Là, où est l'offense,
que je mette le pardon.
Là, où est la dispute,
que je mette l'union.
Là, où est l'erreur,
que je mette la vérité.
Là, où est le doute,
que je mette la foi.
Là, où est le désespoir,
que je mette l'espérance.
Là, où est la nuit,
que je mette la lumière.
Là, où est la tristesse,
que je mette la joie.

Fais, Seigneur,
que je ne cherche pas tant
à être consolé qu'à consoler,
à être compris qu'à comprendre,
à être aimé qu'à aimer.
Parce que c'est en s'oubliant
qu'on se trouve,
et c'est en mourant
qu'on ressuscite à la vie éternelle.

Ô MON ANGE GARDIEN

Ô mon Ange gardien,
je te prie de m'apporter aide
et protection,
de me souffler ce que je dois savoir,
de m'inspirer ce que je dois être,
de me guider vers ta lumière
et celle du Tout-Puissant.

Ô mon Ange gardien,
je demande ta lumière
pour m'aider à me comprendre moi-même
et à comprendre le monde qui m'entoure,
mais sans jamais oublier
le grand dessein de l'univers.

Ô mon Ange gardien,
je sais que ce n'est
qu'à ce moment-là
que je pourrai être l'instrument
que Dieu a souhaité que je sois
pour être ce que je dois être
et surtout pour la réalisation
de son grand plan.

Ô mon Ange gardien,
toi qui m'accompagnes à chaque instant
et à chaque pas que je fais,
insuffle-moi ton énergie,
ta force et ta sagesse
et réconforte-moi sans cesse de ta présence.

MERCI
MON ANGE GARDIEN

Je m'accorde cet instant de prière
pour communiquer avec toi,
mon Ange gardien.
Je m'accorde cet instant de prière
pour te dire merci, à toi,
mon Ange gardien.

Merci pour ce que je suis,
merci pour tous ces gens que tu fais
m'entourer,
merci pour ce que tu m'as donné
jusqu'à ce jour,
merci pour tous ces sentiments merveilleux
qui m'habitent,
merci pour cette étincelle divine
que tu insuffles à ma vie.

Je m'accorde cet instant de prière
pour communiquer avec toi,
mon Ange gardien.
Je m'accorde cet instant de prière
pour te dire merci, à toi,
mon Ange gardien.

Merci pour ce que je deviendrai,
pour ce que je deviendrai avec l'aide
de ces gens que tu fais m'entourer,

pour ce que je deviendrai avec ce
que tu me donneras,
pour ce que je deviendrai avec ces sentiments
merveilleux qui m'habitent,
pour ce que je deviendrai avec cette étincelle
divine que tu insuffles à ma vie.

Merci, mon Ange gardien.
Et comme dans les Psaumes, je dirai :
«Le secours me vient du Seigneur,
l'auteur des cieux et de la terre.
Qu'il ne laisse pas chanceler ton pied,
que ton gardien ne somnole pas! —
Non! Il ne somnole ni ne dort.»

TOUJOURS PRÉSENT

Toi, que je nomme
mon Ange gardien,
je sais que tu es toujours là,
toujours à mon écoute,
toujours disponible.

Il m'arrive de vouloir cheminer seul,
de t'oublier, de t'écarter de ma route,
de foncer, de m'éloigner de toi.

Oui, cela m'arrive...

Jusqu'à ce que les choses
tournent mal,
que je me blesse,
que je souffre.

Heureusement, je sais que tu es là
à attendre que je te fasse un signe.
Et alors, tu accours à mon appel,
et tu m'accueilles à nouveau
entre tes bras.

Toi, que je nomme mon Ange gardien,
je sais que tu es toujours là,
toujours à mon écoute,
toujours disponible.

C'est à moi de te prier,
c'est à moi de t'écouter,
c'est à moi de comprendre
ce que tu me dis.
Oui, mon Ange gardien,
continue de me montrer la route
que je dois suivre.

ANGE D'AMOUR
ET DE MISÉRICORDE

Je te salue, toi, mon Ange gardien,
que le Seigneur a détaché
de son service
pour te mettre au mien,
et me guider vers Sa lumière.

Je te salue, toi, mon Ange gardien,
et je te demande de m'aider à prodiguer,
à mes frères et sœurs,
l'amour et les bontés
que j'ai reçus de toi et du Seigneur.

Je te salue, toi, mon Ange gardien,
et je t'assure que, grâce à la force
que tu m'insuffles,
je saurai me mettre au service
des autres,
et faire qu'à travers moi
ils puissent recevoir ton énergie.

Je te salue, toi, mon Ange gardien,
et je te prie de faire de moi
un messager de ta bonté,
un distributeur de tes grâces,
un exécuteur de tes œuvres d'amour.

Je te salue, toi, mon Ange gardien,

que le Seigneur a détaché de son service
pour te mettre au mien,
et me guider vers Sa lumière
pour que, ensuite, à mon tour,
je puisse indiquer la voie
à ceux qui la cherchent.

TON INSTRUMENT

«Ne sont-ils pas [les anges] des esprits
remplissant des fonctions
des envoyés en service
pour le bien de ceux qui doivent recevoir,
en héritage, le Salut?»
(Hébreux 1,14)

Ô Ange gardien,
instrument du Tout-Puissant,
aide-moi à être ton instrument
pour que je contribue à la naissance
d'un monde rempli de bonheur
qui aura le bien-être de tous les hommes
et femmes
comme seul objectif.

Ô Ange gardien,
que mes actions et mes gestes,
d'aujourd'hui et de demain,
puissent servir à apporter le bonheur
à mes semblables,

que ces actions et ces gestes
contribuent à l'avancement
des causes justes
et profitent à tous les hommes
de bonne volonté.

Ô Ange gardien,
garde-moi de l'envie et de la colère,
de la haine et de la violence,
et fais, qu'à tout moment,
je sois capable de céder plutôt
que de terrasser,
et que je ne sois jamais un frein
au grand projet du Tout-Puissant.

Ô Ange gardien,
comme tu es toi-même l'instrument
du Seigneur,
je veux moi aussi être ton instrument.

DIS-MOI

Toi, mon Ange gardien,
amour et sagesse,
messager de Dieu
et instrument de Sa volonté
pour m'aider à trouver ma route,
aide-moi à prendre conscience
de mes erreurs
afin que je n'aie pas à souffrir en vain.

Je veux que tu m'aides à réaliser
tout ce qu'Il attend de moi,
sans que ma personnalité mortelle
ne soit un obstacle
à l'accomplissement de mon devoir divin
et à l'atteinte de Sa lumière.

Toi, mon Ange gardien,
amour et sagesse,
messager de Dieu
et instrument de Sa volonté,
guide-moi pour que j'utilise
les connaissances
que tu me transmets,
et que je me serve avec intelligence
des biens que tu m'obtiens.

Protège-moi lorsque ma santé chancelle,
éclaire mon cœur et mon âme

lorsque mon esprit faiblit,
donne-moi la force de suivre la route
qui est la mienne
sans que je ploie devant les épreuves

Toi, mon Ange gardien,
amour et sagesse,
messager de Dieu
et instrument de Sa volonté,
fais que je devienne, à mon tour,
un messager de la Source divine.

MON ANGE

Je m'adresse à toi,
mon Ange gardien,
pour te dire
que tu me fais grandir.

Pendant un temps,
comme beaucoup,
il fallait que je voie
pour croire.

Aujourd'hui,
tu m'as rendu capable,
de te faire confiance
sans même te voir.

Oui, je m'adresse à toi,
mon Ange gardien,
pour te dire
que tu me fais évoluer.

Pendant un temps,
je t'ai adressé des mots,
que les autres m'avaient soufflés,
pour te demander de m'accompagner.

Aujourd'hui,
quels que soient les mots que je t'adresse,
je sais que tu m'écoutes
et que tu me réponds.

Oui, je m'adresse à toi,
mon Ange gardien,
pour te dire merci
d'être là, à mes côtés.

TIENS MA MAIN!

Toi, mon Ange gardien,
en qui j'ai entière confiance,
je te prie de me tenir la main
et de m'accompagner sur le chemin
qui est le mien.

Je sais qu'il m'arrive parfois
de ne faire qu'à ma tête,
de n'agir que comme bon me semble,
faisant fi de ce que tu me souffles
et de la direction que tu m'indiques.

Toi, mon Ange gardien,
je te prie de me tenir la main,
car je compte sur toi
toujours
et en tout.

Je veux que tu sois
mon compagnon de voyage,
et qu'à mesure que mon chemin se déroule,
je te reconnaisse de mieux en mieux
pour que je puisse avancer plus sereinement.
Toi, mon Ange gardien,
je veux entendre tes paroles,
je veux voir ta lumière,
je veux sentir ta main serrer la mienne
et je veux être celui qui obéit.

Je veux que tu sois
mon support inconditionnel
et mon ami fidèle.
Toi, mon Ange gardien,
tiens-moi la main,
toujours.

JE T'ACCUEILLE

Viens, Ange gardien,
installe ta demeure en moi.

Éclaire
mon esprit et mon cœur
de ta lumière.

Apprends-moi
à dire et à faire le bien.

Enseigne-moi
l'essence du message
du Tout-Puissant.

Donne-moi
le réconfort lorsque je chancelle.

Rends-moi
la force lorsque la fatigue
s'empare de moi.

Guéris en moi
ce qui est blessé et écorché.

Enseigne-moi
à donner sans compter.

Explique-moi
comment Le servir comme Il le mérite.

Ramène-moi
sur le bon chemin lorsque je le quitte.

Viens, Ange gardien,
installe ta demeure en moi
et apprends-moi
à me donner,
corps, cœur et âme,
sans attendre
d'autre gratification
que celle de savoir
que j'ai contribué
à la propagation de Son nom.

JE T'OUVRE MON CŒUR
ET MON ÂME

Toi, Ange gardien,
que Dieu a mis à ma disposition,
fais que je comprenne,
à chaque instant de ma vie,
ce que tu me souffles
afin que je puisse
me mettre à Son service
et à celui des autres.

Je t'ouvre mon cœur et mon âme
et je te demande
de m'insuffler ta sagesse
pour me permettre d'atteindre
mes objectifs moraux.

Le savoir et les forces
que j'ai acquis dans cette vie terrestre,
je les mets à ta disposition
pour révéler, à tous ceux
qui n'en ont pas encore pris conscience,
que le même savoir
et les mêmes forces
les habitent.

Fais que je mette mes connaissances,
mon intelligence et mes moyens

au service d'une société fraternelle.
Fais que nous alimentions tous
les mêmes rêves
et que nous visions tous le même but.

Ô, Ange gardien,
je t'ouvre mon cœur et mon âme,
pour que je puisse accomplir cette mission.

ÊTRE UN HOMME

Si tu m'accompagnes dans cette vie terrestre,
si tu me soutiens dans les épreuves,
je sais que j'apprendrai à devenir un homme
grâce à toi,
Ô mon ange gardien.

Tu sauras faire de moi un être qui réfléchit
sans ne se consacrer pour autant qu'à la
réflexion;
tu sauras faire de moi un être brave
sans qu'il ne devienne pour autant
imprudent;
tu sauras faire de moi un être qui observe,
mais qui sait aussi agir lorsque le vient le
moment.

Ô mon Ange gardien,
grâce à toi,

je sais que je saurai être à la hauteur
de la tâche qui m'attend.
Tu me rendras bon,
tu me rendras sage,
tu me rendras fort,
et ainsi je saurai contribuer sereinement
à l'édification de ce monde meilleur
qu'Il nous a annoncé.

Je saurai alors, grâce à toi, Ô mon Ange
gardien,
répandre le message qui émane de la source
divine,
enseigner Sa parole empreinte de sagesse,
— propager, par l'exemple, ce qu'Il veut que
nous soyons
et ainsi permettre à d'autres cœurs de
s'ouvrir et de s'exprimer,
et de faire autant de nouveaux fidèles qui
communiqueront Sa volonté.

ANGE, MON GARDIEN

Ô, Ange qui es mon gardien,
je veux t'accueillir dans ma vie
et t'y faire une place confortable.

Ô, Ange qui es mon gardien,
viens chez moi, viens en moi,
montre-moi ta force et ta grandeur.

Ô, Ange qui es mon gardien,
donne-moi ton amour
qui est le sien
et qui a plus de valeur que la vie elle-même.

Ô, Ange qui es mon gardien,
manifeste-toi à travers ma vie
lorsque tu sais que ton souffle
m'est nécessaire.

Ô, Ange qui es mon gardien,
dis à mon cœur
les mots de réconfort dont il a besoin.

Ô, Ange qui es mon gardien,
je te cherche sans cesse.
Et même si je sais que tu es là,
à me guider,
à m'écouter,
tu sais aussi

qu'il m'arrive de douter
de ta présence.

Dans ces moments-là,
serre-moi contre toi,
fais-moi ressentir ta présence
afin que le doute s'estompe
et que je voie l'avenir
le cœur et l'âme sereins.

AIDE-MOI, MON ANGE

Ange gardien,
que je prie et que j'invoque,
qui permets que je mélange
mon souffle avec le tien
pour que je puisse contempler,
en moi,
la beauté et la grandeur
de l'Amour du Tout-Puissant,
fais que je sois,
pour mes semblables,
celui qui propage
Son harmonie divine,
celui qui apporte la paix
et le calme aux âmes troublées,
et fais que Son message pénètre
en moi
pour que pas une seule parcelle de Son
amour ne se perde.

Ange gardien,
que je prie et que j'invoque,
aide-moi,
pour qu'avec la puissance
de cet Amour
je sois son digne représentant
sur terre,
fais que je sois,
pour mes semblables,
celui qui diffuse Sa parole,
celui qui communique Son message
d'espérance,
et fais que la foi continue de m'habiter
pour que pas une seule parcelle de Sa bonté
ne disparaisse.

Ange gardien,
que je prie et que j'invoque,
aide-moi à être fort,
aide-moi à être honnête,
aide-moi à être bon,
aide-moi à être celui
qu'Il veut que je sois,
et que je reflète
dans mes gestes et mes paroles
l'exemple qu'il nous a donné.

CELUI QUE TU VEUX

Toi, Ange que Dieu a mis
à mon service,
prends-moi sous ta surveillance,
sois mon instructeur et mon guide
car sans toi je sais que je ne pourrai
trouver le véritable chemin qui est le mien.

Je peux me perdre dans l'enchevêtrement de
mes rêves
et que pour concrétiser
ces rêves creux
je pourrais contrevenir à tes lois et tes règles
qui sont celles de Dieu.

Toi, Ange que Dieu a mis à mon service,
donne-moi la compréhension des choses
et donne-moi aussi la force
d'être le bâtisseur
de ce nouveau monde
dont nous rêvons tous.

Je peux vouloir des choses qui me sont
inutiles,
et pour les obtenir, agir incorrectement
et te blesser dans ton cœur, car tu voudrais
que je sois autre.

Toi, Ange que Dieu a mis à mon service,
reste à côté de moi pour me montrer la route

à suivre,
et lorsque j'irai au-delà de mes forces,
fais que je ne succombe pas à la tentation ni
au péché,
mais que je reste fort et serein.

Toi, Ange que Dieu a mis à mon service,
si c'est moi qui dois être cette aide
que tu veux apporter aux autres,
si c'est moi qui dois être Ton instrument,
n'hésite pas à te servir de moi.

JE VEUX ÊTRE
TON INSTRUMENT

Ô mon Ange gardien,
renforce mes sentiments
pour que je puisse éprouver
l'expérience vivante
que les êtres humains
peuvent vivre sur cette terre
et que j'en retienne la leçon
pour que,
dans ce demain meilleur
auquel je veux contribuer,
il n'existe ni injustice ni domination,
mais seulement un monde
où chacun aura droit
à sa part de bonheur et de prospérité.

Ô mon Ange gardien,
je veux être l'instrument
qui témoignera clairement
de la force et de la puissance
des ressources morales
qui sommeillent en nous
et qui nous permettent,
lorsque nous le désirons ardemment,
de vaincre ces situations
qui nous semblent parfois invulnérables.

Ô mon Ange gardien,
je veux être ton instrument
— l'instrument du Tout-Puissant.
Je veux être un de ceux par lesquels
tu montres, aux hommes et aux femmes
de bonne volonté,
qu'il est possible de surmonter
les doutes et les tentations.

ANGE GARDIEN, JE TE DEMANDE...

Je te demande,
à toi, mon Ange gardien,
de me donner le courage
de mes sentiments et de mes pensées
pour que je lutte
pour des lendemains pleins d'espérance.
Je te demande de faire
que je puisse être ton instrument
pour découvrir moi-même,
et révéler aux autres,
le potentiel insoupçonné
que nous possédons tous;
que je puisse découvrir, et montrer
à chacun,
tous ces nouveaux espoirs
qui nous sont permis.

Je te demande,
à toi, mon Ange gardien,
de m'aider pour que ma raison
ne s'assombrisse pas
au moment de l'épreuve,
et que j'aie le courage
de continuer à avancer,
même si j'ai à connaître la souffrance.

Je te demande,
à toi, mon Ange gardien,
d'être mon guide,
à tout moment,
pour que je surmonte,
sans peine et sans souffrance,
les dures épreuves de l'adversité
que je trouverai sur mon chemin
et que, ce faisant,
je sois un exemple pour les autres.

MON AMI

Tu es mon Ange gardien,
tu es mon ami fidèle,
tu es mon compagnon indissociable,
tu es aussi, et surtout,
celui à qui je peux tout demander.

Alors, aujourd'hui, je te demande
que mes passions soient celles
de croire en toi, de t'aimer et de te bénir,
et aussi d'aimer tous les hommes
et les femmes,
en frères et sœurs qu'ils sont
devant le Tout-Puissant,
et d'agir de façon à les faire bénéficier
des dons que tu m'as donnés.

Tu es mon Ange gardien,
tu es mon ami fidèle,
tu es mon compagnon indissociable,
tu es aussi, et surtout,
celui à qui je peux tout demander.

Alors, aujourd'hui, je te demande
de ne pas t'éloigner de moi,
de m'aimer d'un amour si grand
que tous ceux qui s'approchent de moi,
à la recherche d'un ami,
puissent te reconnaître, toi,
à travers ce que je suis et ce que je fais.

Tu es mon Ange gardien,
tu es mon ami fidèle,
et je sais que, grâce à toi,
j'aurai la force et l'énergie
pour répandre un soulagement
paisible et et heureux,
et offrir un réconfort bienveillant
à tous ceux et celles qui en ont besoin.

TOI, LE MESSAGER DE DIEU

Toi, qui es mon Ange gardien,
je te prie de me donner la force
et le courage
lorsque je rencontre l'épreuve;
je te prie de me donner la lucidité
et le discernement
pour agir comme Il souhaite que j'agisse;
je te prie de me donner la patience
pour que j'agisse avec sagesse
et ordre.

Toi, qui es mon Ange gardien,
éclaire-moi de ta Lumière,
fais-moi profiter de tes dons
et de tes pouvoirs
pour arbitrer des conflits entre
mes semblables;
aide-moi pour que je puisse apporter
des solutions qui soient en harmonie avec le
dessein
du Tout-Puissant.

Je te dis, à toi, mon Ange gardien,
que je veux contribuer à l'érection du
Nouveau Monde,
que je veux œuvrer à la naissance
de la terre promise,
là, où les hommes et les femmes
de bonne volonté

pourront trouver la joie
et le bonheur
que tu nous a promis.

PRIÈRE
À MON ANGE GARDIEN

Toi, mon Ange gardien,
que l'Éternel a détaché près
de moi sur cette terre,
transmets-moi les valeurs spirituelles et
morales
qu'Il veut me voir défendre.

Je t'entends aussi me dire que l'amour du
Tout-Puissant
n'existe que s'il peut être communiqué,
transmis à tous les hommes
et toutes les femmes
de bonne volonté.

Toi, mon Ange gardien,
que l'Éternel a détaché près de moi sur cette
terre,
transmets-moi les talents et les dons
qu'Il veut me voir afficher.

Je t'entends aussi me dire que
ces grâces du Tout-Puissant

ne m'appartiennent pas de plein droit
et que je n'en suis que le dépositaire
qui en fera profiter les uns et les autres
qui en ont besoin.

Toi, mon Ange gardien,
que l'Éternel a détaché près de moi
sur cette terre,
fais-moi accéder à la prospérité
afin que je ne manque de rien.

Je t'entends aussi me dire que cette
générosité du Tout-Puissant
n'a pas pour but de m'attacher
aux biens matériels,
mais plutôt de me donner ces choses
pour que je puisse les offrir à mon tour.

Je te remercie, toi, mon Ange gardien,
pour la sagesse que tu m'insuffles.

PAIX, JUSTICE ET AMOUR

Ô Ange gardien,
aide-moi à exprimer
les valeurs spirituelles
que Dieu m'a accordées.

Fais que je sache reconnaître
le vrai du faux,
la vérité du mensonge,
le bon du mauvais.

Fais que je puisse rendre témoignage
de la vérité et de la sagesse.

Ô Ange gardien,
rends-moi fort dans l'adversité,
et permets-moi d'être témoin
de l'existence du Tout-Puissant.

Prends-moi par la main
pour me conduire
jusqu'au trône de Dieu,
devant lequel je m'agenouillerai.

Renforce mon amour envers lui
et fais que mes actions lui soient agréables.

Ô Ange gardien,
je te le demande
du plus profond de mon cœur,
fais de moi Son instrument de création.

JE CROIS EN VOUS

Je crois en vous, les anges,
messagers de Dieu
et porteurs de son message.

Je crois en vous
que le Seigneur a créés
pour être l'expression
de ses Vérités éternelles.

Je crois en vous, les anges,
messagers de Dieu
et porteurs de son message.

Je crois en vous
parce que, à travers vous,
les hommes ont accès à la Sagesse
et au bonheur.

Je crois en vous, les anges,
messagers de Dieu
et porteurs de son message.

Je crois en vous,
vous qui nous donnez réconfort
et santé,
et qui éclairez notre chemin
de la lumière de Son phare.

Je crois en vous, les anges,
messagers de Dieu
et porteurs de son message.
Je crois en vous, les anges,
et je vous demande de venir à ma rencontre.

AIDEZ-NOUS AUJOURD'HUI

Vous, les Anges de Dieu,
qui êtes ses envoyés sur la terre,
aidez-nous, aujourd'hui,
à être le cœur et les mains du Seigneur,
pour que nous puissions agir
auprès des faibles et des démunis.

Vous, les Anges de Dieu,
qui êtes ses envoyés sur terre,
et qui voyez tous ces malades
qui n'ont personne pour les soutenir,
qui voyez tous ces déprimés
qui n'ont plus goût à la vie,
qui voyez tous ces sans-emploi
qui désespèrent de vivre honorablement,
aidez-nous, aujourd'hui,
à être le cœur et les mains du Seigneur,
pour que nous puissions agir
et leur redonner l'espoir
et le goût de vivre.

Vous, les Anges de Dieu,
qui êtes ses envoyés sur terre,
et qui voyez tous ces jeunes
qui se cherchent inlassablement,
qui voyez tous ces aînés
qui pleurent seuls dans leur coin,
qui voyez tous ces hommes et ces femmes
abandonnés et humiliés,
aidez-nous, aujourd'hui,
à être le cœur et les mains du Seigneur,
pour que nous puissions agir
et leur redonner la Volonté et la dignité.

Vous, les Anges de Dieu,
qui êtes ses envoyés sur la terre,
soyez le cœur et les mains du Seigneur,
et transformez-nous,
les uns et les autres,
pour que nous puissions agir
et contribuer à l'édification d'un monde
meilleur,
où chacun trouvera le bonheur
et la Lumière.

ANGES DE DIEU

Vous, les Anges,
je vous invoque et vous appelle,
pour que vous veniez à mon aide,
pour que vous m'apportiez la force et la
sagesse
dont j'ai besoin.

Vous qui me guidez vers la lumière du Tout-
Puissant,
je sais que c'est un privilège
que vous me faites et
que je dois mériter
par chacun de mes gestes
et chacune de mes paroles.

Je vous demande,
à chacun d'entre vous,
aujourd'hui comme demain,
de me montrer la route du savoir
et de la connaissance,
là, où je pourrai devenir,
à mon tour,
un outil d'avancement pour les bonnes
causes.

Vous, les Anges,
ses véritables représentants
sur terre,
faites que les entreprises où je réussis

soient toujours celles qui sont inspirées par
Son dessein
et, puisque Sa volonté est en jeu,
faites en sorte que je devienne
cet homme ou cette femme
qui, par son comportement,
mêlé à celui des autres hommes
et femmes de bonne volonté,
permettra à notre monde d'avancer
vers le bonheur.

QUE SA PUISSANCE
VIENNE À MON AIDE

Serviteurs de Dieu,
quel abîme est suffisamment obscur
pour échapper à votre regard?

Il n'y en a aucun.

Serviteurs de Dieu,
quel obstacle est si grand
pour échapper à votre volonté?

Il n'y en a aucun.

Serviteurs de Dieu,
quel tourment est si indéchiffrable

pour échapper à votre compréhension?
Il n'y en a aucun.

Serviteurs de Dieu,
quel être humain est si fragile
que vos pouvoirs ne puissent le renforcer?

Il n'y en a aucun.

Serviteurs de Dieu,
vous êtes capables de tout,
et votre amour et votre générosité
transforment tous les hommes
qui font appel à votre aide.

Serviteurs de Dieu,
je vous prie d'intercéder auprès de Lui
pour qu'il veille sur moi.

ANGES, MANIFESTEZ-VOUS

Messagers de Dieu,
instruments de Sa volonté,
je vous demande de vous manifester
dans ma vie et dans celle
de mes semblables
pour que plus personne ne doute
de votre existence et de vos pouvoirs.

Insufflez-nous, à tous, la mesure
de vos dons et de vos qualités,
pour qu'ainsi notre raison
ne soit plus
le seul juge de tous mes actes,
ni notre imagination le seul guide
de notre vie.

Messagers de Dieu,
instruments de Sa volonté,
je vous demande de vous manifester,
dans ma vie et dans celle
de mes semblables,
pour que plus personne ne doute
de votre existence et de vos pouvoirs.

Faites que nos désirs acceptent l'autorité
de votre esprit,
car nous savons que c'est vous

qui nous guidez
et que, mieux que nous,
vous connaissez le véritable destin
qui est le nôtre.

Libérez-nous de nos attaches matérielles
et aidez-nous à découvrir les forces
qui sommeillent dans notre âme
afin que cela nous permette
de vaincre les écueils
que nous rencontrerons.

Messagers de Dieu,
instruments de Sa volonté,
nous vous rendons grâce,
aujourd'hui et pour toujours.

INSTRUMENT
DE SA VOLONTÉ

Vous,
les Anges,
vous savez
que je suis
un être humain,
mais vous m'avez aussi
soufflé à l'oreille
que je suis d'essence divine.

Si,
grâce aux actes nobles
de mon passé,
vous me permettez
d'acquérir les biens matériels
dont vous jugez
que j'ai besoin,
insufflez-moi aussi
la volonté de ne pas vivre
que pour et par les biens matériels.

Je vous prie,
vous, les Anges,
de me donner la sagesse
qui me permette d'utiliser
tout ce dont
vous me comblez,
sans m'y attacher,

et non seulement
pour mon bonheur,
mais aussi
pour le bonheur
de tous mes proches.

Je vous prie,
vous, les Anges,
de me donner la force
d'être à l'avant-garde
de ses représentants
sur terre.

QUE SA VOLONTÉ
SOIT FAITE

Anges du ciel et de la terre,
donnez-moi la force et la sagesse
de comprendre Son dessein,
moi qui désespère souvent de la vie.

Je vous prie, aujourd'hui,
alors que je cède à l'abattement
et au découragement,
de me donner confiance,
en moi et en la vie.

Je vous prie, aujourd'hui,
de m'aider à comprendre

ce qui semble échapper
à mon entendement
pour me permettre de renouer
avec l'espoir.

Je vous prie, aujourd'hui,
de me donner les instruments
dont j'ai besoin
pour affronter les épreuves,
la souffrance et la misère.

Anges du ciel et de la terre,
donnez-moi la force et la sagesse
de comprendre Son dessein,
moi qui désespère souvent de la vie.
Je vous prie, aujourd'hui,
de me donner votre amour
et votre réconfort
pour que je puisse accepter la vie
telle qu'elle est,
mais sans pour autant renoncer à me battre
pour en découvrir le véritable sens.
Oui, Anges du ciel et de la terre,
que Sa volonté soit faite.

ANGES, FAITES QUE...

Vous, les Anges,
serviteurs et messagers
du Tout-Puissant,
faites que les battements
de votre cœur
soient à l'unisson de ceux
de mon cœur,
que mon geste soit votre geste,
que ma parole soit votre parole.

Vous, les Anges,
serviteurs et messagers
du Tout-Puissant,
ne permettez pas que l'imagination
me porte à rêver d'autres luxes
que celui de comprendre le monde
qu'Il a créé.

Vous, les Anges,
serviteurs et messagers
du Tout-Puissant,
faites que mes paroles expriment
ce qui est digne;
faites que mes mots soient un témoignage de
votre existence
et faites que tous ceux qui ont recours à moi
trouvent le soutien et le réconfort
dont ils ont besoin.

Vous, les Anges,
mes fidèles alliés,
faites, qu'avec mes mots et mes gestes,
je puisse montrer aux autres
ce qu'on ne voit pas avec les yeux :
cette vie spirituelle qui nous permet
de concrétiser nos véritables rêves.

QUE VOS DONS SOIENT
LES MIENS

Vous, les Anges,
assis devant et derrière Dieu
et autour de lui,
je me recueille
en pensant à vous
et à votre mission.

Je vous prie,
toi, l'Ange que Dieu
a accolé à mon être terrestre,
toi, que je nomme Gardien,
et vous tous, Anges planétaires,

lorsque j'en ai besoin,
les dons, les vertus et les pouvoirs,
dont Il vous a fait les détenteurs.

Que votre force,
votre sagesse,
votre espérance,
votre intelligence,
votre miséricorde,
votre morale,
votre spiritualité,
votre sens de la justice,
votre esprit de service
deviennent miens
lorsque j'affronte
les difficultés et les épreuves
de la vie.

Je me recueille
en pensant à vous tous,
en sachant
que vous serez toujours là
lorsque le besoin s'en fera sentir.

C'est ainsi,
par ma volonté,
mais aussi
par vos dons, vos vertus et vos pouvoirs,
que je saurai apporter
ma contribution à un monde meilleur.

SERVITEURS DE DIEU, INSPIREZ-MOI

Vous, Anges du ciel et de la terre,
serviteurs du Tout-Puissant,
inspirez-moi les vertus divines,
guidez-moi sur la route qui est
la meilleure que je puisse suivre
pour que je contribue,
de tout mon être,
de tous mes dons et mes talents,
de toutes mes capacités,
à la construction d'un avenir meilleur.

Vous, Anges du ciel et de la terre,
serviteurs du Tout-Puissant,
inspirez-moi les vertus divines,
faites de moi un messager
de vos paroles
d'amour et de sagesse,
donnez-moi les instruments nécessaires
pour que je puisse contribuer
à la création d'un monde
qui accueille
tous les humains de bonne volonté.

Vous, Anges du ciel et de la terre,
serviteurs du Tout-puisant,
inspirez-moi les vertus divines,

venez à ma rencontre
pour répondre à mes interrogations,
m'aider à atteindre le bonheur
et devenir moi-même outil de bonheur
pour tous ceux qui m'entourent.

PROTÉGEZ-MOI
DE L'ORGUEIL

Vous, les anges, serviteurs
du Tout-Puissant,
donnez-moi la conscience
et la force
de réaliser combien les biens matériels sont
creux;
protégez-moi de la fatuité
et de l'arrogance,
ne permettez pas que je m'identifie au
succès,
à la renommée et à la fortune
qui me viennent de vous,
ni que je considère comme miens les vertus
et les pouvoirs
que vous m'avez accordés pour
que je les mette au service d'autrui.

Vous, les anges, serviteurs
du Tout-Puissant,
faites en sorte, si je venais

à trop privilégier mon orgueil,
de me retirer ces dons pour
que je reste l'être que je dois être,
l'être qui doit être au diapason
et à l'écoute de ses semblables,
et dont le cœur doit être empli d'amour, de
générosité
et de don de soi.

Vous, les anges, serviteurs
du Tout-Puissant,
permettez-moi d'agir dans les limites
de Ses desseins;
car je sais que ce passage sur terre
n'est qu'une étape
de ma véritable existence.
Je vous demande donc,
à vous,
anges du ciel et de la terre,
de m'apporter votre aide afin
que je puisse,
après que mon corps matériel
se sera éteint,
retourner là où je sais d'où je viens
et où tout resplendit toujours.

INSPIREZ MA ROUTE

Ô Anges de Dieu,
inspirez mes actions et mes paroles
pour que l'être que je suis s'intègre
harmonieusement
à l'univers complexe et merveilleux
qu'Il a créé.
Donnez-moi le dynamisme
et l'énergie nécessaires
pour faire les gestes
que vous me soufflez de faire.
Modelez-moi pour je devienne
à son image,
pour que je vainque mes défauts
et corrige mes erreurs,
et qu'ainsi je transforme l'être
que j'ai été
pour devenir celui qu'il veut
que je sois.
Sachez que je ne suis qu'un instrument,
le vôtre.

Ô Anges de Dieu,
guidez-moi, suivez mes pas et,
si je me trompe,
si ma lumière intérieure vacille,
m'empêche de comprendre
vos desseins,
et si je dévie de ma route,

que j'emprunte un chemin tortueux,
rétablissez son parcours originel.
Ô Anges de Dieu,
si je sens votre main en me réveillant
de mes errements,
je saurai que vous m'avez pardonné
ma conduite et mes erreurs.

Ô Anges de Dieu,
permettez que mon cœur comprenne
les raisons de ma tête
afin que je reflète la paix et l'harmonie dans
mes actions et mes paroles.
Oui, Anges de Dieu,
que seules la sérénité et la quiétude
m'habitent pour toujours
pour que je puisse atteindre
le véritable bonheur
qui m'est promis.

JE VOUS OUVRE MON CŒUR

Ô Anges, serviteurs de Dieu,
je vous ouvre mon cœur
et vous laisse entrer dans ma vie
en espérant que vous y preniez
la plus grande place possible.
Je sais la mission
que le Tout-Puissant vous a confiée

et c'est pour cela qu'aujourd'hui,
demain et pour toujours,
je vous accueille à bras ouverts
pour que vous puissiez agir
selon Son dessein et Son plan.

Je vous sais insaisissable
mais je vous sens partout,
dans ma vie,
m'inspirant mes paroles
et me dictant mes gestes.
Je ne m'oppose pas à votre volonté,
qui est la même que la Sienne,
car je sais que c'est une volonté d'amour
et que je la sens qui m'entoure
de toutes parts.

Ô Anges, serviteurs de Dieu,
je vous ouvre mon cœur
pour que vous vous y installiez à demeure
et que vous puissiez me transmettre
vos dons, vos vertus et vos pouvoirs,
et qu'ainsi outillé
je puisse propager Son message
et vous ouvrir d'autres cœurs,
qui deviendront autant de demeures
accueillantes.

JE VOUS AIME

Vous, anges de Dieu,
je vous aime
parce que vous êtes Ses serviteurs.

Vous, anges de Dieu,
je vous aime
parce que vous êtes bons.

Vous, anges de Dieu,
je vous aime
parce que vous êtes généreux.

Vous, anges de Dieu,
je vous aime
parce que vous êtes capables d'écoute.

Vous, anges de Dieu,
je vous aime
parce que vous êtes capables
de me rendre meilleur.

Vous, anges de Dieu,
je vous aime
parce que vous êtes mes guides.

Vous, anges de Dieu,
je vous aime
parce que vous avez été les premiers,

après Lui,
à m'aimer.

Vous, anges de Dieu,
je vous aime
parce que vous ne me laisserez
jamais tomber,
même s'il m'arrivait de vous oublier.

Vous, anges de Dieu,
je vous aime
parce que vous êtes Ses serviteurs.

LE PARADIS TERRESTRE

Anges du ciel,
messagers et serviteurs de Dieu,
je vous demande que, par moi,
vous exhaliez votre miséricorde,
votre pardon et votre grand cœur
afin que je sache
donner l'exemple dans le pardon.

Anges du ciel,
messagers et serviteurs de Dieu,
si vous faites preuve de cette générosité,
pour moi et pour tous les hommes
et toutes les femmes de bonne volonté,
sachez que je saurai,
avec tous ceux-là,
amorcer ce mouvement irréversible
qui contribuera à l'établissement
d'un climat d'harmonie et de paix
entre les hommes de tous les pays
et toutes les nations.

Anges du ciel,
messagers et serviteurs de Dieu,
je sais que je ne suis qu'un grain
de sable,
mais je sais aussi que, par l'exemple,
je propagerai ces valeurs
et, qu'un jour, nous serons des centaines,

puis des milliers et des millions
à tendre vers ce même but
d'équilibre, de sérénité et de bonheur.
Alors, sur la terre,
n'existeront plus que des hommes
et des femmes
de bonne volonté
et ton paradis sera alors recréé.

CONFIANCE!

Ô Anges de Dieu,
faites que ma foi soit féconde;
faites que votre lumière,
qui éclaire mon cœur et mon âme,
soit si intense
que je ne mette jamais en doute
vos enseignements
et votre direction morale.
Faites que les tentations et les épreuves,
que la vie me présente,
servent mon raffermissement
dans la foi
et m'aident à atteindre
une spiritualité sereine,
et une confiance toujours
plus grande
en ce que vous êtes
et le Tout-Puissant
que vous représentez.
Faites que j'aie la force d'oser;
faites que j'aie le courage
de faire face à l'épreuve;
faites que votre lumière
m'aide à vaincre la pénombre.
Faites que votre intelligence remplisse
mon âme
et qu'y naisse ainsi une grande
force spirituelle.
Inspirez-moi ces vertus et ces pouvoirs,

faites-m'en le dépositaire
et que je m'en serve, au quotidien,
dans mes paroles et mes gestes
afin que je sache éviter de blesser
mes semblables,
et que je me présente à eux le cœur
ouvert et la main tendue,
et que je sois ainsi, pour eux,
une source de réconfort.

VOUS ET MOI

Ô, vous, fidèles amis,
serviteurs du Tout-Puissant,
vous qui me connaissez
mieux que je ne me connais moi-même,
purifiez mes sentiments,
écartez de moi tout
ce qui peut me distraire
des desseins qu'Il me réserve.

Puisque vous savez
qu'il y a
en moi
du bon et du moins bon,
prenez ce qu'il y a de bon
et faites-le grandir.

Gardez-moi dans votre amour,
faites que mon cœur et mon esprit
ne désirent que ce que Lui,
le Tout-puissant,
désire depuis son éternité
et qu'il retrouve ces vertus
au creux de mon cœur.

Indiquez-moi la voie à suivre,
montrez-moi les gestes à faire
et les paroles à prononcer,
faites que je sois,
par mon vécu quotidien,
un exemple pour les autres
pour qu'ils parviennent à comprendre
que nous pouvons réparer nos erreurs
et corriger nos faiblesses

Ce n'est qu'ainsi,
avec votre aide,
que nous nous transformerons,
que nous deviendrons
— enfin —
des humains qui tiennent compte
des attentes et des besoins
de leurs semblables.

VOUS, LES ANGES
QUE JE PRIE

Vous, les Anges que je prie,
faites-moi comprendre
que la possession matérielle
est une futilité de la vie.
Faites que votre lumière m'éclaire
et qu'elle fasse de moi un être
qui accorde aux véritables valeurs
l'importance qu'elles doivent avoir.

Transmettez-moi
vos dons et vos vertus,
vos pouvoirs aussi,
et faites en sorte que je puisse m'en servir
de manière à ce qu'ils me profitent
mais, aussi, qu'ils profitent
à tous mes semblables.

Vous, les Anges que je prie,
éclairez-moi de votre lumière
pour que je puisse connaître
la route que je dois suivre
et que jamais ne se dressent,
en adversaires,
les attentes et les aspirations
de mon cœur et ceux de ma tête.
Donnez-moi la force et le courage
d'avancer sereinement sur cette route
qui est la mienne.

PARDONNEZ-MOI
EN SON NOM

Anges de Dieu,
par négligence et par apathie,
par paresse aussi souvent,
je me suis éloigné de vous
et j'ai emprunté des chemins
de travers.

Mais vous avez Sa miséricorde,
vous êtes compassion et humanité,
et, chaque fois,
vous m'avez ramené
sur le bon chemin
et vous m'avez rapproché de Lui.

Anges de Dieu,
je suis conscient, aujourd'hui,
que lorsque je ne m'ouvre pas suffisamment
à votre aide,
que je ne travaille pas
à la réalisation de Son dessein,
que je poursuis des objectifs bassement
matériels, je m'engage
sur des chemins sinueux.

Mais vous avez Sa grandeur d'âme,
vous êtes attendrissement et sollicitude
et, chaque fois,

vous me tendez à nouveau la main
pour me sortir des abîmes dans lesquels
je me plonge.

Anges de Dieu,
je le sais, aujourd'hui,
malgré mes résistances et mes hésitations,
que je ne puis être sur la bonne route
que lorsque je reste à votre écoute.

Je vous le demande,
je vous en prie,
vainquez mes résistances
et gardez-moi,
toujours,
près de vous.

SOULAGEZ
LES SOUFFRANCES

Serviteurs de Dieu,
qui possédez les pouvoirs
qui peuvent illuminer la pénombre,
aidez-moi à sortir
de l'obscurité
dans laquelle je suis plongé.

Serviteurs de Dieu,
demandez-Lui,
en mon nom,
qu'il se montre indulgent
envers ce serviteur
que je suis pour lui,
et qu'il m'aide
à soulager mes souffrances
et à guérir mes maux,
qu'ils soient physiques ou spirituels.

Serviteurs de Dieu,
inspirez-moi
pour que mes paroles et mes gestes
puissent aussi apporter
réconfort et soulagement
à ceux qui souffrent
sur le plan physique
ou qui vivent une crise de l'âme

Serviteurs de Dieu,
apprenez-moi à vous reconnaître
et insufflez-moi cette générosité
qui me fera être bon et généreux
auprès de mes semblables.

Commandez dès maintenant

COMMENT COMMUNIQUER AVEC VOTRE ANGE GARDIEN

112 pages • Format: 14 X 21,5 cm

12,95$

Bon de commande au verso

BON DE COMMANDE

J'aimerais recevoir le livre suivant

☐ Comment communiquer avec son ange gardien ....12,95 $

Sous-total ....

Poste et expédition ....**4 $**

TPS 7 % ....

Allouez de 3 à 4 semaines
pour livraison.
COD accepté (ajoutez 5 $).
Faites un chèque ou un mandat à
**LIVRES À DOMICILE 2000
C.P. 325 succ. Rosemont
Montréal (Québec)
H1X 3B8**

Total ....

Nom: ....

Adresse: ....

Ville: ....

Code postal ....Tél.: ....

N° de carte VISA ....Expir.:...................................

Signature ....

MEMBRE DE SCABRINI MEDIA

Québec, Canada
2001